눈높이에맞춘
어린이 설교집 2

영성출판사

눈높이에맞춘
어린이 설교집 2권

등　　록 | 제99-7호
발　　행 | 2004. 3. 27
초판3쇄 | 2015. 1.10
펴 낸 곳 | 영성출판사
인 쇄 처 | 금강인쇄사

주소 | 경기도 시흥시 신천동 378-2 2층
전화 | 031-314-8226
팩스 | 031-314-8227
홈페이지 | www.cgnews.kr
총판 | 하늘유통(031-947-7777)
값 | 7,500원
ISBN 978-89-951332-7-9 04230
ISBN 978-89-951332-6-2 (세트)

눈높이에맞춘
어린이 설교집 2

편집부 엮음 | 주선애 삽화

영성출판사

머리글

겨울을 지낸 봄엔 맑은 하늘이 그립답니다. 추위를 잘 견딘 씨앗들에게 봄은 생명의 계절이요 꿈의 시작이지만, 황사로 인해 하늘이 가려질 때면 그리운 건 역시 맑은 하늘과 눈부신 빛입니다.

이제 세상을 향한 탐색이 시작되는 어린 영혼들에게도 그것은 마찬가지 일입니다. 그들에게 정말 필요한 것은 컴퓨터도 아니고, 게임도 아닙니다. 맑은 하늘과 눈부신 밝은 빛입니다. 그것이 없으면 그 작은 영혼은 건강하게 자랄 수 없습니다.

실로 오랜 겨울이 지나갔습니다. 작년 5월 10일 2쇄를 발행한 후로 답답하고 추운 시간들이었는데, 이제 2권이 새로 나오게 되어 참으로 감사했습니다. 더 알찬 내용으로 도입도, 말씀도, 시청각 자료도 어린 영혼들에게 영양가 있는 양식으로 지어지길 소원하며 만들어졌습니다.

하지만 어린이의 영혼에 하나님의 말씀을 기록한다는 것은 흔히들 쉽게 생각하는 것만큼이나 어려운 일입니다.

첫째는 하나님께서 기뻐하실 말씀일까 고민이 되며, 둘째는 어린이들에게 재미있으면서도 감동적인 말씀일까 고민이 되는 것입니다. 그래서 성실하길 소원하는 많은 교사들이 어린이 설교는 부담스러워합니다. 물론 시간 때우기 식의 불성실한 교사들에게는 별 문제가 되지 않는 일이지만….

지금 이 시간 서점에서 이런 고민을 하며, 이 책을 뒤적이는 당신은 그런 점에서 성실한 교사임에 틀림없습니다.

여기 이 작은 설교집은 그런 고민을 하며, 하나님 앞에서나 어린이 앞에서나 진실하고 성실하길 소원하는 현장 사역자들의 기도 속에서 직접 만들어졌습니다. 특히 설교 시작 2-3분 안에 경청 선택의 가부가 결정된다는 사실을 중요시해서 참신하면서도 흥미있는 도입을 구성했습니다. 예화도 빛을 비추는 감동적인 것들을 선정하였습니다.

하지만 무엇보다 심혈을 기울인 것은 싹티울 수 있는 생명의 씨앗이 들어있는가 하는 것입니다. 너무 사람들의 흥미만을 주목하여 영적 생명력이 상실된 수많은 설교들을 들어왔기 때문입니다.

이 작은 설교집이 그 중요한 문제를 다 해결하고 있다고 과장하여 말하지는 아니하렵니다. 다만 하나님의 눈치를 보며, 어린이의 눈높이에 맞추려고 기도하며 애를 썼다는 사실만은 말씀드릴 수 있습니다. 세속화로 어두워가는 이 세상에서 빛이 되기를 참으로 소원하는 사역자들의 진지한 고민 속에서 한 글자 한 글자 다듬어졌다는 것을 말씀드립니다.

부디 인스턴트 식품에 찌든 어린이들에게 영양가 있는 생명의 말씀을 재미있게, 감동적으로 전하여 어린이들을 살찌우고, 장차 성화로 인도하여 예수님을 기쁘게 해 드리는 교사들이 되도록 노력합시다.

 맑은 하늘이 그리운 3월의 한 날에
박상태 목사

책의 구성

본 설교집은 아이들의 눈높이에 맞추어 한편의 설교를 도입, 본론, 예화, 결론의 형식으로 짜임새 있게 구성하였습니다.

먼저 매 설교의 앞장에는 설교의 제목과 포인트, 본문말씀이 소개되어 있습니다.

포인트는 그 설교의 주제를 의미하며, 본문은 그 설교의 성경말씀입니다. 또한 원 안에 있는 그림은 그 설교의 시청각 자료에 나와있는 그림의 한 컷을 수록하였으며, 가장 아래에 나와있는 말씀은 본문에 있는 성경말씀의 중심이 되는 요절과 같은 부분입니다.

여는말

우선 여는말은, 도입에 해당되는 부분으로 그날 설교의 성패를 쥐고 있는 열쇠와도 같다고 말할 수 있습니다. 설교가 시작됨과 동시에 아이들의 시선을 집중시키는 것과 흥미를 유발시키는 것은 이 도입 부분에 달려 있습니다.

그러므로 본 설교집은 설교 2-3분 안에 아이들의 흥미를 유발하고 시선을 집중할 수 있는 참신하고 기발한 아이디어로 설교의 문을 열었습니다.

말씀 속으로

설교의 핵심이라고 하면 하나님의 말씀입니다. 설교자는 성경을 중심으로 예화나 시청각 자료를 준비하여야 합니다.

아울러 이 부분은 그날 설교의 중심이 되는 성경말씀을 아이들의 눈높이에 맞추어 이야기형식으로 재구성한 것입니다. 중요한 것은 어린이들이 당시의 상황과 말씀을 잘 이해할 수 있도록 아이들에게 맞는 용어를 선택하여 설명을 해 주어야 한다는 것입니다. 모두가 알고 있는 것처럼, 현재 우리가 사용하는 성경은 어린이들에게 맞지 않는 어휘와 표현방식, 난해한 성경단어들을 포함하고 있습니다. 그러므로 아이들의 눈높이에 맞춘 해석이 필요하며 설교자의 용어 또한 잘 선택하여 사용해야 합니다.

이야기 예화

"모든 성경은 하나님의 감동으로 된 것으로 교훈과 책망과 바르게 함과 의로 교육하기에 유익하니"(딤후3:16).

이 부분은 주제를 중심으로 본문을 뒷받침해 줄 수 있는 빛된 예화들로 구성하였습니다. 실제로 믿음의 선진들은 예수 그리스도를 본받아 좁은길을 성실히 걸어가셨고 기독교사에 위대한 업적을 남겼습니다. 그분들의 빛된 삶을 조명하여 어린이들이 실생활에서 적용할 수 있는 이야기들을 예화로 묶었습니다.

닫는말

설교의 결론에 해당하는 부분으로써 설교의 총정리라 생각하시면 됩니다. 여기서는 한 편의 설교를 들은 아이들이 그 주제에 맞는 결단과 다짐을 새롭게 하게 됩니다. 이제 나는 가정에서, 학교에서, 교회에서 새로운 삶을 살겠노라는 아이들의 굳은 결심이 있어질 것입니다. 합심 기도나 찬양으로 뜨겁게 마무리하면 더욱 좋을 것 같습니다.

차례

1

70×7=용서

용서 | 마태복음 18:21- 22

예수님께서 가라사대 네게 이르노니 일곱 번 뿐 아니라 일흔 번씩 일곱 번이라도 할 찌니라(마18:22).

70×7 = 용서

예수님께서 가라사대 네게 이르노니 일곱 번 뿐 아니라 일흔 번씩 일곱 번이라도 할 찌니라(마18:22).

♥ ♥ ♥

여는말

(찢어지고 낙서가 된 공책을 보여준다)

"흥~이것도 그림이라고 그렸니?" "야! 너 굼벵이니? 내가 기어가도 그보다는 더 잘 뛴다." "에게게. 겨우 10번이야. 난 한번에 줄넘기 50개도 거뜬히 한다."

어린이 여러분, 여러분을 무시하고 놀리거나 괴롭힐 때 어떻게 하나요. 또는 아끼고 좋아하는 것을 망가뜨리고 여러분의 공책에 낙서를 하면 여러분은 어떻게 하겠어요? (아이들의 대답) 용서해준다구요? 참 착한 어린이군요. 그래요. 한번은 용서해줄 수도 있을 거예요. 그런데 자꾸자꾸 나를 괴롭히고 화나게 하면 그때도 참고 용서해줄 수 있을까요?

이럴 때 예수님께서는 어떻게 말씀하셨는지 한번 알아볼까요?

말씀 속으로

어느 날이었어요. 성격이 급하고 나쁜 일을 보면 쉽게 흥분하는 수제자 베드로가 예수님께 나왔어요. 베드로는 예수님께 여쭈어 보았어요. "예수님, 만약 제 친구가 나에게 나쁜 행동을 하고 죄를 지으면 일곱 번만 용서해 주면 되나요?"

"아니란다. 일곱 번 뿐만이 아니라 일곱 번의 일흔 번이라도 용서해 주어야 한단다."

이것은 한 번이나 두 번 용서해 주고 그만 두라는 것이 아니라 끝없이 용서해 주라는 거예요. 왜냐하면 우리가 친구를 용서해 주어야만 예수님도 우리의 죄를 용서해 주시기 때문이에요.

성경에는 이렇게 말씀하고 계셔요. "너희가 사람의 잘못을 용서하면 너희 하늘 아버지께서도 너희 잘못을 용서하시려니와 너희가 사람의 잘못을 용서하지 아니하면 너희 아버지께서도 너희 잘못을 용서하지 아니하시리라"(마6:14-15).

그리고 주기도문에도 "우리가 우리에게 죄 지은 자를 사하여 준 것같이 우리 죄를 사하여 주옵시고."라고 적혀있어요. 이것은 "예수님, ○○이가 저를 때리고 괴롭혔는데 용서해주었어요. 그러니까 저의 죄도 용서해주세요."라고 기도하는 거랍니다. 이처럼 예수님은 우리가 다른 친구의 잘못을 용서해 주는 것을 무척 기뻐하셔요.

이야기 예화

일본에 하천풍언이란 분이 계셨어요.

어느 날, 하천풍언은 가슴이 아파서 병원에 가셨어요. 의사 선생님은 폐결핵이라고 하며 3년 밖에 못산다고 하셨어요. 그러자 하천풍언은 남은 3년 동안 예수님처럼 살기로 결심했어요. 그래서 빈민촌에 찾아가 가난하고 병들고 불행한 사람을 돌보며 섬기기 시작했어요.

그 빈민촌은 일본에서도 가장 더럽고 지저분한 마을이었어요. 그 동네는 깡패 아저씨, 창녀 아줌마들이 사는 아주 나쁜 동네였어요.

어느 날이었어요. 하천풍언은 변함없이 예수님을 믿지 않는 사람에게 전도하고 있던 중이었어요. 그런데 골목에서 숨어 있던 깡패 아저씨가 나타나 "네가 이 곳에 오기 전에는 술도 먹고 싸움질해도 괜찮았는데, 네가 온 다음부터는 양심이 찔리니 너 혼 좀 나봐라!"하면서 주먹으로 마구 때렸어요.

하천풍언 아저씨는 참으로 많이 맞았어요. 얼굴은 피로 범벅이 되고 심지어 이빨까지 부러졌어요. 하천풍언은 너무나 많이 다쳐 병원에 입원하게 되었지요. 하천풍언의 친구가 얼마나 다쳤나 하고 병문안을 왔어요. 병문안을 와보니 너무 많이 다친 모습을 보고 친구는 화가 났어요.

여러분도 사랑하는 친구가 남에게 많이 맞았으면 화가 날까요? 나지 않을 까요? 그래요. 그 친구 역시 화가 잔뜩 나서 "도대체 어떤 녀석이 자네를 이렇게 했나? 바로 그 녀석이지? 항상 자네를 괴롭히던 그 녀석… 내가 그 녀석을 당장 경찰에 고발해서 감옥에 들어가게 할 테니까 이름을 말하게."라고 했어요.

만약 여러분이 하천풍언이라면 어떻게 하겠어요? 깡패 아저씨 이름을 알려 주겠죠? 그러나 하천풍언은 그렇게 하지 않았어요. 오히려 아픈 몸을 일으키면서 말하기를 "자네는 성경을 어떻게 보나? 성경은 원수까지도 사랑하라고 했네. 나는 지금 그 깡패가 예수님을 믿을 수 있도록 기도하고 있다네."라고 대답하는 것이었어요. 하천풍언은 이렇게 끝까지 자기를 괴롭힌 깡패 아저씨를 용서해 주었어요. 여러분은 친구를 얼마나 용서해 주었나요. 친구가 욕하면 같이 욕하진 않았는지 모르겠어요. 친구가 때리면 같이 때려주지는 않았는지 모르겠어요. 그러나 예수님께서는 친구를 용서해 주라고 말씀하고 계세요.

닫는말

이처럼 사랑은 일흔번씩 일곱 번 즉 끝까지 용서하는 거예요. 밉고 보기 싫고 꼬집어 주고 싶고, 때려주고 싶어도 예수님이 죄인을 끝까지 용서하신 것처럼 우리도 용서해야 하는 거예요. 입술로만 주기도문을 외우는 게 아니라 그렇게 살아갈 때 예수님이 기뻐하셔요. 보기 싫은 친구, 미운 친구, 괴롭히는 친구를 이제는 예수님처럼 아름다운 마음을 갖고 용서해 주는 우리가 되어요.

 시청각자료

 시청각자료

2

감사하는 어린이

감사 | 골로새서 3 : 17

또 무엇을 하든지 말에나 일에나 다 주 예수의 이름으로 하고 그를 힘입어 하나님 아
버지께 감사하라(골3:17).

감사하는 어린이

또 무엇을 하든지 말에나 일에나 다 주 예수의 이름으로 하고 그를 힘입어 하나님 아버지께 감사하라(골3:17)

♥ ♥ ♥

여는말
(감과 사과를 들고 나와서)
오늘은 무슨 말씀을 전하려 하는지 맞춰보세요.

이야기 예화
옛날에 국을 아주 좋아하는 임금님이 있었어요. 어느 날 배추국을 맛있게 잡수신 임금님은 요리사를 불러서 상을 주려했어요. 그러나 요리사는 배추국이 맛있었던 것은 배추장사가 좋은 배추를 주었기 때문이라며 사양을 했어요.

그러자 임금님은 즉시 배추장사를 불렀어요. 그리고 좋은 배추를 주어 맛있는 배추국을 먹게 해주었으니 상을 주겠다고 말하자 배추장사도 역시 그것은 좋은 배추를 농부가 만들어 주었기 때문이라며 사양을 했어요.

임금님은 배추장사의 말을 옳게 생각하고 그럼 농부에게 상을 주어야 겠다고 농부에게 갈 차비를 하도록 하여 농부가 사는 마을로 행차를 하게 되었어요. 임금님의 행차에 마을은 발칵 뒤집혀졌고, 마을 사람들 모두가 나와서 인사를 하였어요.

부지런한 농부는 밭에서 일을 하다가 임금님 행차소식을 듣고 달려와 큰절을 하였지요.(행동으로 보여주어도 좋다)

임금님은 농부에게 농부가 좋은 배추를 배추장사에게 주어 배추장사는 또 요리사에게 주어서 맛있는 배추국을 먹게 하였으니 금가락지를 주겠다고 말했어요.

그러자 농부 역시 그럼 자기도 그 상을 받을 수 없다고 말했어요.

임금님은 "그럼 누가 상을 받아야 하느냐?"고 물었어요. 그때 농부는 "하나님이 받아야 합니다. 천지만물을 지으신 하나님께서 햇볕을 주시고 때를 따라 비를 보내주시고 또 이 신비스런 흙을 주셔서 이곳에 씨를 뿌리고 가꾸기만 하면 어느새 무럭무럭 자라 아주 맛있고 탐스러운 배추가 됩니다. 그러니 감사하시려면 하나님께 하셔야 한다"고 말했어요.

임금님은 "농부의 말이 과연 옳도다"라고 말했고, 금가락지는 하나님께 드려야 하지만 하나님께서 받으실 수 없으시므로 가난한 자들에게 주었어요. 그리고 임금님이 상을 주려는데도 욕심을 부리지 않았던 요리사, 채소장수, 농부 모두에게 상을 골고루 나눠주며 칭찬을 해 주었답니다.

말씀 속으로

이사야 1장 3절을 보면 "소는 그 임자를 알고 나귀는 그 주인의 구유를 알건마는 이스라엘은 알지 못하고 나의 백성은 깨닫지 못하는도다" 라는 말씀이 있어요.

하나님께서 감사할 줄 모르는 이스라엘 백성을 향하여 "소나 당나귀도 날마다 꼴을 주고 돌보는 주인을 알아보고 주인을 따르는데, 선민으로 선택받아 하나님의 크신 은혜와 축복을 받은 이스라엘은 하나님께 감사할 줄도, 하나님의 말씀을 순종할 줄도 모르는 구나"하며 탄식하셨어요.

그래요. 감사할 줄 모르는 사람은 은혜를 모르는 사람이에요. 자식은 부모님의 은혜와 사랑에 감사할 줄 알아야 자식된 도리를 하는 거고, 제자는 선생님의 은혜와 사랑에 감사할 줄 알아야 제자된 도리를 하는 거예요. 또 믿는 성도는 하나님의 은혜에 감사할 줄 알아야 성도다운 성도라고 말할 수 있어요.

그럼 감사는 어떻게 해야 될까요?

감사에는 두 종류의 감사가 있어요. 한가지는 내게 유익이 있을 때만 하는 감사이고, 다른 한가지는 '신앙의 감사' 인데 이 신앙의 감사는 어떤 어려움이 닥쳐온다 하여도 또 지금은 비록 힘들고 어렵다 하여도 언제나 도우시는 하나님을 바라보며 우리를 구원하실 하나님을 바라보며 감사하는 거예요. 이 감사를 드린 분이 구약성경에 소개된 '욥' 이에요.

욥은 동방에서 가장 큰 부자였어요. 열명의 아들 딸들과 사랑하는 아내가 있었어요. 욥은 욥을 아는 모든 사람들이 부러워할 만큼 큰 축복을 받은 사람이었어요. 그리고 욥은 하나님을 누구보다도 잘 믿었고, 하나님의 말씀에 언제나 순종하는 모범적인 성도였지요.

그런데 이렇게 큰 축복을 받고 사는 욥을 시기한 사탄이 하나님께 나아가 말했어요. "욥이 하나님을 잘 믿는다고 하지만 그것은 순전히 다른 사람보다 욥이 복을 많이 받았기 때문입니다. 만약 욥에게서 하나님이 주신 축복을 제해 버리신다면 욥은 하나님을 믿지 않을 것입니다. 욥을 시험해 보겠습니다." 그러자 하나님은 사탄에게 생명은 건드리지 말고 욥을 시험해도 좋다는 허락을 하셨어요.

하나님을 억지로 설득해서 욥을 시험해보겠노라고 허락을 받은 사탄은 좋아라고 욥을 찾아갔어요. 그리고 동방에서 제일가는 부자였던 욥의 재산을 강도들을 보내 다 빼앗게 하고 태풍을 몰아 욥의 집을 무너뜨려 마침 생일잔치를 벌이던 욥의 열명의 아들 딸들을 모두 죽게 했어요. 또 욥의 아내가 욥을 욕하고 떠나가게 만들었어요. 그리고 욥에게는 온 몸에 악창이 나게 해서 괴롭혔어요.

사탄은 이제 욥이 하나님을 욕하고 하나님을 떠날 것이라고 큰소리 쳤어요. 하지만 욥은 "적신으로 왔다가 적신으로 가는데, 주신 자도 여호와시요 가져 가신 자도 여호와시니 다만 주를 찬송할 뿐이니이다"(욥 1:21)하며 오히려 하나님을 찬양하고, 하나님께 감사 드렸어요.

결국 욥을 시험하려던 사탄은 욥의 감사하는 믿음에 손을 들고 도망쳐 버렸고, 하나님은 이런 욥에게 갑절의 축복을 허락하셨어요.

닫는말

그래요. 하나님은 어떤 어려움 속에서도 감사할 줄 아는 믿음의 사람들을 기뻐하시고 축복하세요.

'범사에 감사하라 이는 그리스도 예수 우리 주 안에 있는 하나님의 뜻이니라' (살전5:17).

하나님께 감사할 줄 아는 믿음의 사람이 되어서 감사하며 사는 사람에게 주시는 갑절의 큰 복을 받는 우리 친구들 되시길 기도합니다. 아멘.

 시청각자료

시청각자료

3

거절하지 않는 사랑

사랑 │ 마가복음 5:21- 23

많이 간구하여 가로되 내 어린 딸이 죽게 되었사오니 오셔서 그 위에 손을 얹으사 그
로 구원을 얻어 살게 하소서 하거늘(막5:23).

거절하지 않는 사랑

많이 간구하여 가로되 내 어린 딸이 죽게 되었사오니 오셔서 그 위에 손을 얹으사 그로 구원을 얻어 살게 하소서 하거늘(막5:23).

♥ ♥ ♥

여는말

어린이 여러분! 만약 나에게 아주 밉살스럽게 행동하던 친구가 와서 무엇을 부탁한다면(지우개나 연필을 빌려 달라거나 미술 준비물을 빌려 달라거나 놀이에 끼워 달라는 부탁 등) 여러분은 어떻게 할 건가요?

그래요. 대부분이 거절을 할 거예요. 속으론 이런 생각도 할지 몰라요. '그것 참 잘됐다. 내가 부탁할 때 너도 나에게 하나도 빌려주지 않았지? 나도 안 빌려 줄거야! 너도 혼 좀 나봐라!'

그런데 우리의 이런 마음을 보시고 예수님은 뭐라고 하실까요? 착하다 하실까요? 아니면 슬퍼하실까요? 오늘 이 시간에는 우리에게 못되게 대하는 친구나 이웃을 예수님께서는 어떻게 대하라 하시는지 알아보기로 해요.

말씀 속으로

예수님께서 '거라사'라는 곳에서 전도를 하신 후 배를 타고 건너편으로 돌아오셨어요. 그러자 아주 많은 사람들이 예수님께로 모여들었어요. 예수님께서 바닷가에서 사람들에게 둘러싸여 계실 때 한 사람이 사람들 틈을 헤치고 헐레벌떡 달려왔어요. 그 사람은 야이로였고 직업은 회당장이었어요. 그 당시 회당장은 지금의 목사님과 같은 직분인데, 예수님을 잘 모르면서 미워하고 나쁘다고 헐뜯는 회당장이 많았어요.

야이로는 예수님 발 앞에 넙죽 엎드리더니 "제 어린 딸이 죽게 되었습니다. 제발 오셔서 아이에게 손을 얹어 고쳐주시고 목숨을 살려 주십시요."하고 애원하는 것이 아니겠어요? 그 곳에 있던 사람들은 모두 깜짝 놀랐어요. 왜냐하면 예수님이 하나님의 아들이 아니라고 욕하던 회당장이 예수님께 와서 엎드려 빌고 있으니 말이에요. 회당장은 그만큼 급했던 거에요. 사랑하는 딸이 죽게 되었으니까 체면도 자존심도 다 버리고 예수님을 찾아온 것이지요. 그 당시 예수님께서 기적을 베푸신다는 소문이 온 사방에 퍼져 있었거든요.

예수님은 자신에게 부탁하러 온 이 회당장이 다른 회당장들처럼 예수님을 미워했다는 것을 아셨어요. 그렇지만 그가 부탁했을 때 거절하지 않으셨어요. 그와 함께 가주시고 이미 죽었던 그의 딸을 살려주심으로 예수님의 사랑을 보여주셨답니다. 이 일로 회당장은 정말로 예수님을 믿게 되었고 예수님을 따르게 되었지요.

어린이 여러분!

예수님은 우리와 얼마나 다르게 행동하시나요! 정말 부끄러워요. 예수님은 자신을 괴롭히는 사람이라도 그가 원하는 것이 있으면 거절하지 않고 친절하게 들어주셨어요.

이야기 예화

프랜시스 성인이 몬테카시노라는 곳에 머물 때의 일이었어요. 당시 그 지방엔 소문난 강도 3명이 있었는데, 그들은 마을을 두루 다니며 나쁜 일을 많이 했어요. 어느 날 그 강도들이 수도원에 찾아와서는 프랜시스의 제자인 수도원장에게 음식을 달라고 했을 때, 수도원장은 그들을 엄하게 꾸짖었어요.

야단을 맞은 강도들은 화가 머리끝까지 나서 돌아갔지요. 바로 그때, 프랜시스가 동료 한 명과 함께 구걸해 온 빵 한 자루와 조그만 포도주 한 병을 메고 수도원으로 돌아왔어요. 수도원장인 제자가 방금 있었던 일을 프랜시스께 이야기를 했더니 프랜시스는 잘했다고 칭찬을 하는 것이 아니라 도리어 제자를 호되게 꾸짖으며 이렇게 말하는 것이었어요.

"형제는 그들에게 잘못했습니다. 우리 예수님은 죄인들을 불러 회개시키러 오신 것이 아닙니까? 그래서 예수님은 자주 죄인들과 함께 식사를 하신 것입니다. 그러므로 형제는 즉시 내가 구걸해 온 빵과 포도주를 가지고 그들을 뒤따라가 그들에게 전부 주십시오. 그 다음에 그들 앞에 무릎을 꿇고 형제의 잘못을 겸손히 사과하십시오. 그리고 그 사람들에게 이제는 나쁜 일을 하지말고 이웃사람을 괴롭히지 말라고 나의 이름으로 부탁하십시오. 나쁜 일을 하지 않는다면 언제든지 먹을 것을 주겠습니다. 이렇게 전하고 돌아오십시오."

수도원장은 그 사람들을 뒤쫓아가 프랜시스가 하라는 대로 했어요. 그러자 강도들은 수도원장의 그토록 겸손한 모습과 프랜시스의 인자하신

약속에 지난날의 잘못을 회개하고 예수님을 영접하게 되었어요. 그리고 프랜시스의 제자가 되었지요.

닫는말

어린이 여러분! 정말 놀랍지요? 강도가 변화되어 예수님을 믿고 예수님을 많이 닮은 믿음의 사람이 된 것이 말예요. 이렇게 된 것은 프랜시스 성인과 제자 수도원장의 거절하지 않은 사랑이 있었기 때문이에요. 많은 사람들에게 피해를 입히고 노력하지도 않고 남의 것을 빼앗는 나쁜 사람들일지라도, 부탁하는 것을 거절하지 않고 기꺼이 내어준 그 사랑말예요.

사랑하는 어린이 여러분! 이젠 어떻게 하는 것이 예수님의 사랑을 본받는 행실인지 알겠지요? 이제부터 우리도 이렇게 하도록 해요. 프랜시스 성인과 그 제자처럼 말예요. 그러면 예수님은 프랜시스 성인과 많은 제자들에게 그랬던 것처럼, 우리에게도 아름다운 상을 주실 거예요. 그럼 우리 다같이 내 마음에 들지 않는 사람을 싫어하고, 그 무엇도 주기 싫어했던 자신을 회개하고 이제는 예수님처럼 미운 사람도 사랑할 수 있는 사람이 되게 해 달라고 기도해요.

시청각자료

 시청각자료

4

기도하는 어린이

기도 | 누가복음 22:42- 46

예수님께서 힘쓰고 애써 더욱 간절히 기도하시니 땀이 땅에 떨어지는 피방울 같이
되더라(눅22:44).

기도하는 어린이

예수님께서 힘쓰고 애써 더욱 간절히 기도하시니 땀이 땅에 떨어지는 피방울 같이 되더라(눅22:44).

♥ ♥ ♥

여는말

겟세마네 동산에서 땀흘려 기도하시는 예수님의 그림과 잠을 자고 있는 세 제자의 그림을 보여준다. 그리고 어린이들에게 "이때 예수님의 마음은 어땠을까요?"라고 질문을 하고 각자의 느낀 점을 말하게 합니다.

말씀 속으로

오늘 말씀에 나오는 예수님의 기도는 예수님께서 군병들에게 잡히시기 전 이 땅에서 마지막으로 드리는 기도예요. 얼마나 간절하게 기도를 하셨는지 땀이 땅에 떨어지는데 자세히 보니 땀이 아니라 핏방울인 거예요. 왜 예수님께서 이렇게 간절하게 기도를 하셔야만 되었을까요? 그것은 바로 우리를 구원하시려고 십자가에 달리셔야 되는 큰 시험이 있기 때문이에요. 그런데 예수님께서 마지막 기도를 하시고 제자들에게 와서 보니 아 글쎄 제자들은 기도를 하지 않고 예수님의 고통도 모른 채 잠만 쿨쿨 자고 있지 뭐예요. 그래서 예수님께서는 제자들을 깨우며 "어찌하여 자느냐? 시험에 들지 않게 일어나 기도하라"고 하셨어요.

어린이 여러분, 그러면 십자가를 지시기 위하여 간절하게 기도하신 예수님과 기도는 하지 않고 쿨쿨 잠만 잔 제자들과는 어떻게 다른가 한 번 볼까요?

기도를 열심히 하신 예수님께서는 잠시 후에 자신을 잡으러 온 군인들에 의해 잡혀 재판에서 사형선고를 받으시고 십자가에서 피와 물을 다 흘리시고 돌아가셨어요. 이렇게 해서 누구든지 예수님을 믿으면 구원을 받고 천국에 들어갈 수 있게 되었지요.

죄로 인해서 마땅히 우리가 지옥에 가야 되는데 예수님께서 우리를 대신하여 십자가에서 지옥의 고통을 당하신 거예요. 이처럼 예수님께서는 열심히 기도하셔서 큰 시험을 극복하시고 승리하셨어요.

그런데 기도를 하지 않고 쿨쿨 잠만 잔 제자들은 어떻게 되었을까요? 군인들이 오자 무서워서 예수님만 남겨 놓은 채 "걸음아! 날 살려라"하고 도망을 쳤어요. 제자들도 예수님처럼 열심히 기도를 하였더라면 용기를 내어서 이 큰 시험을 이겼을 텐데, 기도를 하지 않았기 때문에 무서워서 도망을 간 것이지요. 그것뿐인가요? 베드로 사도는 하녀가 "아저씨도 예수님의 제자죠?"라고 하자 잡혀 죽을까봐 무서워 예수님을 모른다고 세 번씩이나 거짓말을 했어요.

어린이 여러분! 만약에 매일같이 어린이 여러분을 괴롭히던 친구가 주일날 교회에 가는데 길을 막고 "너 오늘 나와 함께 놀아주면 다음부터는 안 때릴게."하고 교회가는 것을 막는다면 어린이 여러분은 어떻게 하겠어요? 교회를 안가고 놀아 주겠어요? 아니면 비록 매를 맞는다 할지라도 교회에 가겠어요? 참 어렵지요. 그러나 매일매일 기도를 한 어린이는 이러한 요구를 물리칠 용기가 있어요. 그러나 매일매일 기도하지 않은 어린이는 그 친구가 무서워 거절하지 못하고 친구와 놀게되어요. 교회도 못 가고요.

자, 기도가 얼마나 좋은가 한 번 들어 볼까요!

이야기 예화

유럽의 벨기에라는 나라에 요셉이라는 네 살 된 어린이가 있었어요. 요셉이 살고 있는 지방에서는 해마다 한 번씩 마을 잔치가 열렸어요. 이 때만 되면 여러 가지 맛있는 음식과 과자도 산더미처럼 쌓아놓고 팔아요. 요셉의 부모님도 요셉을 데리고 구경하러 갔어요. 그런데 부모님의 손을 잡고 구경하던 요셉이 구름같이 둘러싸인 사람들 틈에서 행방불명이 되었어요. 이제 네 살밖에 안된 어린 요셉을 찾기 위하여 부모님은 사람의 물결을 헤쳐가며 여기저기 찾아 헤매었어요. 그러나 요셉을 도무지 찾을 수가 없었어요.

그 때 요셉을 돌보아 주던 아저씨가 무릎을 "탁" 치며 많은 사람들을 헤치고 건너편 교회를 향해 빨리 달려가는 것이었어요. 교회에 들어서는 순간, 밖의 요란함은 마치 멀고 먼 딴 세상처럼 느껴졌어요. 교회 안은 어두컴컴하여 처음에는 아무것도 보이지 않았지만 차츰 어둠에 익숙해지자 강단 앞에 경건하게 무릎을 꿇고 열심히 기도하고 있는 한 어린이가 눈에 띄었습니다. 바로 요셉이었어요.

어린이 여러분, 이 어린이가 커서 어떻게 되는지 아세요? 바로 나환자들의 친구가 되신 다미안 성자예요. 이분은 지금 천국 하나님 보좌 바로 가까이 가서 큰 영광을 누리고 있어요.

어린이 여러분도 이렇게 되고 싶지 않으세요? 그렇다면 지금부터라도 매일매일 기도하는 습관을 가지세요. 그러면 여러분도 다미안 성자처럼 훌륭한 그리스도인이 되어서 천국에서 많은 상급을 받을 수가 있답니다.

닫는말

교회에서 열심히 봉사하는 것일까요? 물론 그것도 마귀는 배가 아파하지요. 그러나 그것도 마귀가 제일 무서워하는 것은 아니에요.

친구랑 사이좋게 지내는 것일까요? 아니면 어려운 친구를 도와주는 것일까요? 물론 이러한 착한 일도 마귀는 무서워하지요. 그러나 제일 무서워하는 것은 아니랍니다.

그러면 무엇일까요? 바로 예수님처럼 열심히 기도하는 것을 제일 무서워해요. 왜 그런지 아세요? 그것은 우리가 기도를 하면 하나님께서 많이 도와주세요. 그러면 전도도 더 열심히 할 수가 있고요, 봉사도 짜증내지 않고 즐겁게 하고요, 착한 일도 재미있게 해요. 이렇게 죄를 짓지 않고 열심히 하니까 하나님께서 아주 기뻐하시죠. 그것뿐인가요? 하늘나라에서 상급도 많이 받게 되지요. 그래서 마귀는 기도를 제일 무서워하는 거예요.

마귀는 기도를 못하도록 여러 가지로 방해를 해요. 기도는 마귀를 이기는 강력한 무기예요. 예수님께서도 기도를 하시고 마귀의 시험을 이

기셨잖아요. 그러나 기도를 하지 않고 쿨쿨 잠만 잔 제자들은 무서워서 도망을 갔지요. 그러니 우리 친구들도 예수님처럼, 요셉처럼 열심히 기도를 해서 마귀와 싸워 승리하는 훌륭한 어린이가 되세요.

 시청각자료

 시청각자료

 시청각자료

5

꼭꼭 숨어라

상급 | 마태복음 6:1- 8

사람에게 보이려고 그들 앞에서 너희 의를 행치 않도록 주의하라. 그렇지 아니하면
하늘에 계신 너희 아버지께 상을 얻지 못하느니라(마6:1).

꼭꼭 숨어라

사람에게 보이려고 그들 앞에서 너희 의를 행치 않도록 주의하라. 그렇지 아니하면 하늘에 계신 너희 아버지께 상을 얻지 못하느니라(마6:1).

♥ ♥ ♥

여는말

(양손으로 두 눈을 가리고 숨바꼭질 시늉을 한다)

"꼭꼭 숨어라. 머리카락 보인다. 꼭꼭 숨어라 머리카락 보인다. 어디 어디 숨었나 장독 뒤에 숨었지. 어디어디 숨었나 여기여기 숨었지."

어린이 여러분! 우리 친구들은 어떤 놀이를 좋아하나요? (아이들의 답변을 듣는다) 컴퓨터 게임, 붕붕, 얼음땡, 수건돌리기… 그래요. 좋아 하는 놀이가 참 많이 있군요. 선생님은 어릴적에 친구들과 많이 한 놀이 가 있었는데 그게 뭔지 알아맞춰 볼래요? 맞았어요. 숨바꼭질이었어요. 어떤 친구는 장독대 뒤에 숨기도 하고, 화장실에 숨기도하고, 담벼락에 숨기도 했었죠. 참 재미있었어요.

그런데 선생님이 왜 숨바꼭질 이야기를 하냐하면, 신앙생활을 하면서도 우리가 잘 숨어야 할 때가 있기 때문이에요.

말씀 속으로

함께 읽은 성경에 보니까, 남에게 선행을 할 때 꼭꼭 숨으라고 말씀해주고 있어요. "선생님, 그 말씀이 어디 있냐구요?" 마태복음 6장 1절에 보면, "사람에게 보이려고 그들 앞에서 너희 의를 행치 않도록 주의하라"고 하셨죠. 이 말씀이 바로 너희가 착한 일을 할 때 일부러 사람들에게 칭찬받기 위해서 하지 말라는 것이에요.

또 2절에 보면, 불쌍한 사람들을 도울 때도, "자, 천원이에요. 맛있는 거 사 드세요"라며 자기를 나타내며 남을 돕는다든지, 아니면 은근히 남에게 보이려고 하는 구제는 결코 하나님께서 기뻐하지 않으시니까 조심하라고 가르쳐주고 있어요.

그뿐인가요? 5절에는 기도할 때 어떻게 기도해야 하는지도 말해주고 있어요. 사람들이 많은 곳에서 "하나님, 저 기도합니다. 그러니까 제 소원 들어주세요."라며 크게 기도한다던가, 아니면 선생님께 보이려고 기도하는 척 한다던가 하는 것은 결코 하나님이 기뻐하시는 기도가 아니라고 하셨어요.

기도는 어떻게? 그래요. 남이 보지 않는 곳에서 은밀하게 하나님께만 보이도록 정성껏 기도하는 거예요. "그럼 선생님! 사람들이 있는 곳에서는 착한 일도, 구제도, 기도도 하지 말라는 건가요?"하고 질문할지도 몰라요.

그건 아니지요. 하나님의 말씀은 우리들의 마음이 중요하다는 거예요.

먼저는 우리의 마음이 하나님을 기쁘시게 해 드리기 위한 순수한 마음이어야 한다는 것이지요. 사람들이 있는 곳이라 할지라도 하나님만을 기쁘시게 해 드리기 위한 것이라면, 그것은 꼭꼭 숨어서 한 것이나 다름없어요. 그러나 한 사람이 있다할지라도 그 사람에게 보이려고 한 선행이나 구제, 기도는 하늘나라에 상급이 없답니다. 그래서 우리는 자기를 자랑하거나 드러내지 않고 은밀하게 남을 도우며 또 하나님께 기도한다면 하늘나라 우리집에 커다란 상이 준비될 거예요.

이야기 예화

우리가 잘 알고 있는 산타클로스는 사실은 성 니콜라스라는 사람이었어요. 그분은 남을 도와주는 일을 좋아했지요. 그래서 가난하고 먹을 것이 없는 사람들, 아픈 사람들을 찾아다니며 빵을 나눠주거나 선물을 가져다 주었어요.

그런데 중요한 것은, 니콜라스는 남들이 보지않는 밤이나 새벽에 이런 일을 곧잘 했어요. 훤한 대낮에 이런 일을 하면 남들이 자기를 칭찬할 것이고, 자기도 모르게 마음이 높아질까봐 일부러 남이 보지 않는 때에 사랑을 실천한 거예요. 후에 니콜라스는 성인이라는 위대한 칭호를 받게 되었고, 이것이 입에 입을 통해 '산타클로스'라는 사람으로 전해지게 된 것이에요.

닫는말

사랑하는 어린이 여러분, 우리 친구들도 이제부터는 사람에게 보이려는 것이 아니라, 오직 하나님께만 보이도록 꼭꼭 숨어서 선행을 하고,

구제하며 또 기도하는 어린이들이 되시길 바래요. 이렇게 순수한 마음
으로 할 때 하나님께 큰 상을 받는다는 것을 잊지 마세요! 꼭이요!

 시청각자료

6

꿈꾸는 나무

소망 | 시편 71:14

나는 항상 소망을 품고 주를 더욱 찬송하리이다(시71:14).

꿈꾸는 나무

나는 항상 소망을 품고 주를 더욱 찬송하리이다(시71:14).

♥ ♥ ♥

여는말

(그림이나 OHP자료를 이용하면 좋다. 목소리도 생생하게 구연동화식으로 한다)

아주아주 먼 옛날, 어느 산마루 위에 아기나무 세 그루가 살고 있었어요. 하루는 나무들이 서로의 꿈을 이야기했어요. 첫째 나무가 하늘을 올려다보며 말했지요.

"얘들아! 저 반짝이는 별들 좀 봐. 다이아몬드 같지 않니? 그래, 나는 세상에서 가장 아름다운 보석함이 될 거야!"

둘째 나무는 흘러가는 냇물을 물끄러미 바라보더니 이렇게 말했어요.

"냇물이 흘러서 어디로 갈까? 넓고 시원한 바다로 나가겠지? 나는 세상에서 가장 크고 튼튼한 배가 되고 싶어. 멋진 왕을 모시고 거센 물결을 헤쳐나갈 것을 생각하면 벌써부터 가슴이 뛴단 말이야! 콩닥콩닥."

셋째 나무는 산아래 분주하게 돌아가는 마을을 내려다보며 말했지요.

"나는 이 산마루를 떠나고 싶지 않아. 그냥 여기 서서 키가 아주 커졌으면 좋겠어. 큰 키로 하늘을 향해 꼿꼿이 서 있으면 사람들이 나를 보며 크신 하나님을 생각하겠지? 그래, 나는 세상에서 가장 키가 큰 나무가 될 거야."

말씀 속으로

세월이 흘렀어요. 해도 비치고, 비도 내리고 눈도 내렸지요. 그렇게 여러 해가 지났어요. 세 그루의 아기 나무들도 커다란 나무가 되었지요.

그런데 어느 날, 나무꾼 세 사람이 산마루로 올라왔어요. 첫째 나무꾼이 첫째 나무를 보고 말했어요. "아름다운 나무로군. 아주 안성맞춤이야!" 그리고는 도끼로 내려쳤어요. "아야!"

둘째 나무꾼이 둘째 나무를 보고 말했어요. "튼튼한 나무로군. 이것도 아주 안성맞춤이야!" 그리고 둘째 나무도 베었어요.

셋째 나무는 마지막 나무꾼이 두려웠어요. 그래서 큰 키로 하늘을 가리키며 꼿꼿이 서 있었지요. 그런데 그 나무꾼은 쳐다보지도 않고 이렇게 중얼거리는 거였어요. "난 아무거나 괜찮아." 그리고 셋째 나무를 베었어요.

어린이 여러분, 세 나무들은 어떻게 되었을까요? 그들의 꿈이 이루어졌을까요? 흐윽~ 그렇지 않았어요.

첫째 나무는 보석함이 되지 못하고 가축들의 여물을 담는 구유가 되었어요. 둘째 나무 역시 큰 범선이 아니라 조그만 고깃배가 되었지요. 그리고 셋째 나무는 길고 두툼한 기둥으로 만들어져서 목재소 뒤뜰에 쌓여 있었어요. 곧고 키가 컸던 셋째 나무는 원망하듯 투덜거렸어요. "이게 뭐야? 난 그 산에 남아서 하늘을 향해 서 있고 싶었는데…."

그리고 세월이 흘렀어요. 세 그루의 나무들은 어릴 적 꿈들을 다 잊어버렸어요. 첫째 나무로 만든 구유는 마구간에 있었지요. 그런데 어느 추운 밤, 한 젊은 여인이 와서 그 구유에 아기를 눕히는 거였어요. 그러자 신기하게도 찬란한 황금 별빛이 구유 안으로 쏟아져 들어오지 않겠어요? 여인의 남편이 "집에 있었으면 내가 아름다운 요람을 만들어 주었을 텐데." 하고 조용히 말했어요. 그 말에 아기의 어머니는 남편의 손을 꼭 잡고 살며시 웃었어요. 그리고 깨끗하게 잘 깎인 구유에 별빛이 쏟아져 내리는 것을 보고 말했어요. "구유가 참 아름답군요." 그제서야 첫째 나무는 깨달았지요. '아, 내가 세상에서 가장 아름답고 귀한 보석을 담고 있구나.'

둘째 나무로 만들어진 고깃배는 이미 낡을대로 낡았어요. 어느 날 해질 무렵이었어요. 피곤에 지친 한 남자가 친구들과 함께 그 배에 올라탔어요. 배가 바다로 나가자 그 남자는 잠이 들어버렸지요.

한참 바다를 항해하는데 갑자기 큰 폭풍이 불어닥쳤어요. 둘째 나무는 너무나 무서웠어요. 자기 몸으로는 이 거센 폭풍우를 뚫고 갈 자신이 없었어요.

그때 자고 있던 남자가 일어나서 소리쳤어요. "잠잠하라!" 그러자 폭풍은 언제 그랬냐는 듯 이 곧 잠잠해지는게 아니겠어요? 여러분 너무 놀랍지 않나요?

그제서야 둘째 나무는 깨달았지요. '아, 내가 하늘과 땅의 왕을 모시고 있구나.'

어느 금요일 아침이었어요. 셋째 나무는 목재소 뒤뜰에 있다가 그날 아침 밖으로 나오게 되었어요. 셋째 나무는 한 남자의 어깨에 걸쳐진 채 질질 끌려가고 있었지요. 그러더니 병사들이 와서 그 남자의 손발을 묶고 셋째 나무의 몸에다 못을 박았어요. 그 사람은 정말 고통스러워했지만 그러나 화를 내거나 못을 박은 사람들을 욕하지 않았어요. 오히려 그 사람들을 위해 기도하고 있었지요. 셋째 나무는 정말 이해가 안됐어요. 셋째 나무는 수치감과 잔인함에 몸을 부르르 떨었어요.

그로부터 사흘 뒤 일요일 해뜰 무렵, 세상은 온통 새롭게 변해 있었어요. 셋째 나무위에 못이 박혔던 사람은 바로 이 땅에 오신 메시야, 예수 그리스도셨어요.

셋째나무는 하나님께 감사했어요. 바로 자신의 꿈이 이루어졌기 때문이지요. 사람들이 자신을 볼 때마다(십자가) 하나님의 사랑을 생각하게 된 거예요.

세 그루의 나무는 비로소 자신들의 꿈이 이루어진 것을 알았어요. 첫째 나무는 무엇보다 귀중한 보배이신 아기 예수님을 담게 되었고, 둘째 나무는 파도도 잠잠케 하는 하늘과 땅의 왕을 모시는 훌륭한 배가 되었어요. 그리고 셋째나무는… 그래요. 사람들은 그 나무를 생각할 때마다 하나님을 떠올리게 되었지요. 그건 세상에서 가장 키 큰 나무가 되어 우뚝 서 있는 것보다 훨씬 더 멋진 일이었어요.

닫는말

여러분들의 꿈은 무엇인가요? 나는 의사요! 나는 간호사요, 나는 선생님이요, 아니면 운동선수가 되고 싶나요? 중요한 것은, 하나님이 함께 하실 때 우리는 멋진 꿈을 이룰 수 있다는 거예요. 그러나 우리가 하나님과 함께 하지 않으면 그 꿈은 허망한 꿈에 불과해요. 마치 구름을 잡으려는 것처럼 말예요.

우리 친구들이 예수님과 함께 꿈을 키워간다면 반드시 그 꿈은 이루어질 거예요. 세나무처럼 하나님의 사랑으로 멋진 꿈들을 이루는 멋진 우리 친구들 되시길 바래요.

 시청각자료

 시청각자료

7

내일로 미루면

성실 | 로마서 12: 11

부지런하여 게으르지 말고 열심을 품고 주를 섬기라(롬12:11).

내일로 미루면

부지런하여 게으르지 말고 열심을 품고 주를 섬기라(롬12:11)

♥ ♥ ♥

여는말

옛날에 게으르기로 소문난 농부가 있었어요. 어느 날 농부가 마루에 누워 낮잠을 자고 있는데 이상한 소리가 들렸어요. 농부가 잠결에 들은 소리는 바로 도둑이 낡은 담장을 타 넘으면서 떨어뜨린 벽돌 소리였어요. 농부는 도둑이 나타났는데도 불구하고 다시 스르르 잠이 들었어요. "어어, 도둑이네….저놈, 담장을 넘어! 마당에 들어오기만 해봐라" 중얼거리며 농부는 잠에 빠져들었지요. 그런데 다시 "쿵" 하는 소리가 들렸어요. 농부가 다시 힘겹게 졸린 눈을 떠보니 도둑이 담에서 뛰어내려 마당을 살금살금 걸어오는 것이었어요. 하지만 농부는 다시 무겁게 내려오는 눈꺼풀을 이기지 못하며 속으로 중얼거렸어요. "집안에 들어오기만 해봐라…." 도둑은 안방으로 들어갔어요. "저놈이 안방으로 들어가네 … 어디 내 물건 하나라도 가지고 나오기만 해봐라…" 도둑은 안방에서

값이 나갈 만한 물건들을 한 보따리 짊어지고 나왔어요. 대문을 열고 나가는 도둑의 뒷모습을 보면서 여전히 잠에서 깨어나지 못한 채 농부는 잠꼬대처럼 이렇게 중얼거렸어요. "이놈, 다시 오기만 해봐라…."

말씀 속으로

농부는 게으름 때문에 도둑잡는 것을 미루고 미루다가 모든 것을 잃어 버렸지요.

오늘 말씀에 보면 "너는 내일 일을 자랑하지 말라 하루 동안에 무슨 일이 일어나는지 모른다"라고 나와있어요. 예수님은 자신과 이웃을 위해서 열심히 사셨어요. 제자들을 가르치실 때도 힘들다고, 피곤하다고 내일로 미루신 적이 없어요. 늘 최선을 다하셨어요. 그런데 우리들은 힘들다고, 귀찮다고, 내일 해야지 하고 미룰 때가 많아요. 그러나 이런 일들이 쌓이게 되면 곧 후회하는 생활을 하게 된답니다.

나쁜 습관도 마찬가지예요. '다음에 고쳐야지' 하고 생각하면 죽을 때까지 못 고쳐요. 옛말에 '세살버릇 여든까지 간다' 라는 말이 있어요. 이 말은 나쁜 습관이 고쳐지지 않고 계속 이어져 생활하기 때문에 생겨난 말이에요. '지금부터 고쳐야지. 그래. 지금 해야지. 오늘이 아니면 안돼.' 라는 각오로 시작해야 해요.

우리 친구들, 학교에서 선생님이 숙제를 내주시면 숙제 안해서 가는 친구 있어요? 해가는 친구도 있고 안 해가는 친구도 있죠? 축구하느라고 미루게되고, 크레이지 아케이드 한다고 미루고, 버디버디한다고 미루고…. 그러다가 안해가면 어떻게 되죠? 선생님이 숙제 안 해왔다고 예뻐하거나 봐주시나요? 아니죠. 벌받고 혼나고… 그러니까 아마 혼나기 싫어서라도 반드시 해 갈 거예요.

어떤 친구가 사소한 일로 친구와 다투게 되었어요. 그런데 서로 사과하지 않고 내일 하지 뭐. 나중에 하지 뭐. 이렇게 자꾸 미루게 되면 그 친구와의 사이도 점점 멀어지게 되어요. 또 맘속으로 그 친구를 미워했던 죄도 시간이 가면 갈수록 쌓이고 무뎌져서 나중에는 마음도 아프고 예수님도 아프게 해 드리는 거예요. 그러면 점점 회개기도 하기도 힘들어진답니다. 마귀는 바로 이것을 노리는 것이지요.

밖에서 놀다가 집에 들어와서 손을 씻어야 하는데 귀찮다고 나중에 닦는다고 하고 그 손으로 음식을 먹으면 어떻게 될까요? 윽, 그래요. 요즘 조류독감이니, 광우병이니 여러 가지 전염병이 돌고 있는데 그런 무서운 병에 걸릴 수도 있어요. 이처럼 미루는 습관은 아주 나쁜습관이고 안좋고 무서운 결과를 가져온답니다.

예수님은 미루는 것을 싫어하세요. 오늘 일은 오늘, 내일 일은 내일, '내일 일까지 오늘 다하고 놀아야지' 그렇게 생각하는 것도 올바른 생각은 아니예요.

이야기 예화

어느 날 마귀들의 회의가 열렸어요. 대왕 마귀가 쫄짜 마귀들에게 "어떻게 하면 ○○교회 친구들이 예수님을 안 믿을 수 있을까?"에 대해 회의를 하자고 했어요.

첫번째 마귀는 "하나님이 없다고 해요!" 라고 말했어요. 그러면 될까요? 대왕마귀는 "이 바보야! ○○교회 친구들은 이미 하나님이 살아계신다는 것을 다 알고 있잖아!"

두번째 마귀가 말했어요. "힘든 일과 어려움을 주어요." "야! 힘들게 하거나 어렵게하면 ○○교회 친구들은 기도하고, 찬송을 부르잖아! 이런 바보마귀 같으니라구…"

세번째 마귀가 웃으며 말했어요. "모든 것이 잘되게 해주어야 합니다" "엥? 그게 무슨 소리냐?" "대왕마귀님! 생각해 보십시오. 모든 일을 잘되게 해주면 좋아서 일은 하지 않고 놀기만 할 게 아닙니까? 아무런 걱정이 없으니까 말입니다. 오늘 할 일도 잊어버리고 놀기만 하다가 기도도 하지 않고 성경도 안보고 찬송도 안 부르겠죠. 그렇게만 되면 점점 모든 일을 내일로 미루다가 스스로 어둠의 수렁에 빠지고 말 것입니다. 그러면 끝장나는 겁니다. 으헤헤헤헤~." "오! 그래. 좋은 생각이다. 역시 네 머리는 내 머리를 닮아서 똑똑하단 말야. 으하하하~ 자, 그럼 지금부터 ○○교회 어린이들에게 출동하자!"

닫는말

어린이 여러분! 잘 알았죠? 미루는 습관, 그것은 바로 마귀가 우리를 넘어뜨리게 하는 수법이에요. 그러므로 우리는 항상 부지런하게 오늘 일을 내일로 미루지 않고 열심히 해야 할 거예요. 하나님께서는 우리에게 주어진 생활에 최선을 다하기를 원하세요. 사람들은 어려움이 없으면 나태해져요. 그럴때 마귀는 우리 마음이 느긋해져서 지금 해야 할 일을 내일로 미루게 되는 모습을 보면서 기뻐해요. 이러한 사실을 알고도 내일로 미루는 일이 있다면 우리는 어리석은 사람이 되는 거예요.

우리 친구들은 내일 일을 자랑하지 말고 하루하루 충실하게 부지런히 살아가는 예수님의 멋진 친구들이 되시기를 바랍니다.

시청각자료

71

8

누룩이 부풀었어요

성경 | 마태복음 13: 33

또 비유로 말씀하시되 천국은 마치 여자가 가루 서 말 속에 갖다 넣어 전부 부풀게 한 누룩과 같으니라(마13:33).

누룩이 부풀었어요

또 비유로 말씀하시되 천국은 마치 여자가 가루 서 말 속에 갖다 넣어 전부 부풀게 한 누룩과 같으니라(마13:33).

♥ ♥ ♥

여는말

오늘 아침에 빵 얘기를 하면 아침밥을 안 먹고 온 친구들은 배가 고프겠지만 그래도 맛있는 빵 이야기를 하겠습니다. 빵에는 어떤 종류가 있을까요? 식빵, 건빵, 모카빵, 찐빵, 크로켓, 바게트빵 등 종류가 굉장히 많이 있네요. 아침에 밥 맛 없을 때 빵하고 우유 한 잔 마시면 밥 대신 영양보충을 해줄 수 있지요.

그런데 이 빵을 어떻게 만들까요? 우선 밀가루에다가 소금, 설탕, 기름이나 이스트 또는 베이킹 파우더를 넣어 반죽을 하죠. 그 반죽을 오븐에 굽게 되면 맛있는 빵이 만들어집니다. 그런데 반죽을 만들 때 왜 이스트를 넣는 걸까요? 네, 맞아요. 반죽에 이스트를 넣지 않고 빵을 만들면 빵이 딱딱하고 부풀려지지 않기 때문이에요. 이 이스트는 빵을 부풀리는 역할을 한답니다. 밀가루 반죽 속에서 이스트 효소가 활동을 하게 되면 밀가루 반죽이 풍선처럼 부풀려 지게 되는 거예요.

말씀 속으로

오늘 성경말씀에 나와 있는 누룩이 바로 이스트예요. 빵을 부풀리기 위해서 넣는 이스트가 곧 누룩입니다. 우리 본문을 다시 한 번 읽어보겠습니다.

"또 비유로 말씀하시되 천국은 마치 여자가 가루 서 말 속에 갖다 넣어 전부 부풀게 한 누룩과 같으니라."

엄마가 빵을 만드실려고 밀가루 서 말 (한 말은 10되 곧 20리터입니다. 그러니까 서 말은 60리터가 되는 거죠)에다가 소금, 설탕, 기름을 넣으신 다음에 빵을 부풀리기 위해서 이스트를 넣으십니다.

천국은 빵을 부풀리기 위해서 넣는 이스트와 같다는 말씀이 무슨 뜻일까요? 조금 어렵네요. 전도사님이 풀어서 설명을 할 테니까 잘 들어보세요.

여기에서 여자는 '예수님'을 의미하는 거예요. 그리고 가루 서말 즉 밀가루는 '우리의 마음'을 의미하는 것이고, 누룩 곧 이스트는 '하나님의 말씀'을 의미하는 것이에요.

다시 한번 반복하면 여자는 예수님, 밀가루는 우리의 마음, 누룩은 하나님의 말씀! 잘 기억하세요.

예수님께서 우리가 주일날 교회 와서 설교말씀 들을 때, 그리고 공과공부 시간에 성경공부 할 때 밀가루 반죽 같은 우리들 마음에 말씀의 이스트를 조금씩 조금씩 뿌려주셔요.

'예수님을 믿어야지만 천국 갈 수 있습니다.'라는 말씀을 우리가 들을 때, 예수님은 옆에서 우리들 마음에 말씀의 누룩을 쫙 뿌려 주세요. 그럼 우리 마음에 믿음이 생겨서 그 말씀이 믿어지게 되는 거예요. 그리고 '우리는 날마다 회개기도를 해야 해요'라는 말씀을 들었어요. 그럼 처음 들을 때는 그렇게 해야 하는가 보다 생각하다가 자꾸 그 말씀을 반복해서 들으면 예수님이 뿌려주신 말씀의 누룩이 점점 부풀어서 우리의 마음이 변화되는 거예요. 회개기도를 열심히 하는 착한 어린이가 될 수 있는 거지요. 참 신기하죠?

우리가 말씀을 들을때 우리 마음에 누룩이 뿌려지고 있다는 것 몰랐죠? 그렇다면 우리가 해야 할 일은 무엇일까요? 예수님이 빵 반죽같은 우리 마음에 누룩을 뿌리실 수 있도록 말씀을 열심히 들어야해요. 주일마다 예배 때 빠지지 않고 나와서 말씀도 열심히 듣고 공과공부시간에도 선생님의 말씀에 귀를 쫑긋 세워야 해요.

우리가 일주일동안 학교에서, 집에서, 학원에서 생활하면서 마음이 새까매졌다가도 주일날 교회에 와서 하나님의 말씀을 들으면 우리의 마음이 다시 깨끗한 마음으로 변화된답니다. 말씀을 들을 때 우리의 마음이 변화되는 거예요. 그래서 무엇보다 하나님의 말씀을 듣는 것은 무척 중요해요.

이야기 예화

어린 디모데는 외할머니 로이스와 어머니 유니게를 통하여 어릴적부터 하나님의 말씀을 열심히 들었어요. 할머니는 디모데가 잠자리에 들기 전에도 항상 성경이야기를 들려주셨고, 밥 먹기 전에도 기도하는 훈

련을 꼭 시키셨지요.

그래서 디모데는 다른 또래들과는 달리 어릴적부터 나쁜 말이나 행동을 하지 않았어요. 왜냐하면 하나님의 말씀에 그런 것들은 모두 죄라고 쓰여있었기 때문이에요.

이렇게 디모데는 하나님의 말씀을 가까이 하며 점점 믿음이 자라게 되었고, 나중에는 그가 어른이 되었을 때, 사도바울의 제자가 되어 훌륭한 목회자가 되었어요. 이것은 바로 디모데의 마음에 뿌려진 하나님의 말씀인 누룩이 점점 부풀어서 이제 하나님이 기뻐하시는 맛있고 커다란 빵이 된 거예요. 하나님은 이런 디모데를 무척 사랑하셨지요.

닫는말

우리 친구들, 말씀을 열심히 잘 듣고 또 그 말씀대로 실천해서 우리 마음이 맛있는 빵이 되어야 겠어요. 우리 마음이 맛있는 빵이 되어야지만 천국에 갈 수 있어요. 우리가 맛있는 빵이 되면 친구가 나를 속상하게 할 때도 예수님 생각하면서 참을 수 있고, 또 부모님이나 선생님들께서 심부름을 시키시면 '네' 하고 순종할 수 있는 어린이가 될 수 있어요.

또 순간순간 우리 마음에 죄짓고 싶은 마음이 가득 찰 때도 예수님이 들려주신 말씀을 생각하면서 이길 수 있는 힘이 생겨요. 우리 모두 열심을 내어서 모두다 맛있는 빵이 되어서 천국 곳간에 들어가시기를 바랍니다.

시청각자료

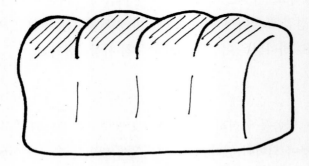

 시청각자료

9

물고기 속의 요나

순종 | 요나 2: 1- 10

요나가 물고기 뱃속에서 그 하나님 여호와께 기도하여 가로되 내가 받는 고난을 인
하여 여호와께 불러 아뢰었삽더니 주께서 내게 대답하셨고 내가 스올의 뱃속에서 부
르짖었삽더니 주께서 나의 음성을 들으셨나이다(욘2:1-2)

물고기 속의 요나

요나가 물고기 뱃속에서 그 하나님 여호와께 기도하여 가로되 내가 받는 고난을 인하여 여호와께 불러 아뢰었삽더니 주께서 내게 대답하셨고 내가 스올의 뱃속에서 부르짖었삽더니 주께서 나의 음성을 들으셨나이다(욘2:1-2).

♥ ♥ ♥

여는말

(큰 물고기 그림을 보여주며) 자! 무슨 생각이 나요? 낚시! 매운탕! 그런데 잘 보세요. 짜잔!(배부분을 들추자 요나가 웅크리고 있다)

오늘은 바로 요나 선지자 이야기예요. 아니, 그런데 이상하죠? 왜 요나가 이 속에 들어갔을까요?

말씀 속으로

요나는 하나님의 말씀을 전하는 선지자였어요. 어느 날 하나님께서 요나에게 말씀하셨어요. "요나야, 너는 큰 성 니느웨로 가서 회개하라고 전하여라. 너희의 죄악이 하늘에 닿아서 너희가 회개하지 않으면 심판

하겠다고 경고하여라. 어서 가라."

그런데 요나는 하나님의 명령을 어기고 니느웨가 아닌 다시스로 가는 배를 탔습니다. 배를 타고 한참을 가는데 갑자기 커다란 폭풍우를 만났지요. "사람 살려! 사람 살려! 배가 침몰하겠다." 배 안에 있던 사람들은 모두 겁을 먹었어요. 자기들이 죽을 거라고 생각했죠.

그때 선장이 말했습니다. "이 일이 왜 일어났는지 알아보아야겠다. 반드시 여기 배 안에 있는 사람 중에 한 사람이 신에게 큰 죄를 지어서 우리에게 이런 일이 일어난 걸 거야."

사람들은 의논하여 그 죄가 있는 사람을 찾기로 했습니다. 방법은 제비뽑기였지요.

그런데 여러분! 놀랍게도 제비가 누구에게 뽑혔을까요? 짠짜자자 잔~ 그래요. 요나가 그 제비에 뽑히고 말았어요.

요나는 사람들에게 고백했어요. "그래요. 이 폭풍은 모두가 나 때문에 일어난 일이에요. 내가 하나님의 명령을 어기고 불순종했기 때문이에요. 그러니 나를 바다로 던져 넣으세요. 그러면 바다가 잠잠해지고 여러분은 살 수 있을 거예요."

사람들은 하는 수 없이 요나를 들어 바다에 던졌어요. 그런데 여러분, 신기하게도 정말 바다가 곧 잠잠해지는 거였어요. 요나는 어떻게 되었을까요? 상어한테 잡혀 먹혔을까요? 아니면 곧 죽었을까요? 아니 아니랍니다.

"하나님 저를 용서해주세요. 불순종한 죄를 용서해주세요. 니느웨로 가라는 하나님의 명령을 어기고 저는 다시스로 갔습니다. 니느웨 사람들에게 맞아 죽을까봐 두려웠어요. 하나님! 제가 잘못했어요. 이렇게 고기 뱃속에서 고난 당하는 것은 마땅해요. 그러나 저를 불쌍히 여겨주셔서 저의 불순종한 죄를 용서해 주세요. 하나님~"

어린이 여러분! 우리가 함께 읽은 요나 2장 말씀은 바로 요나가 고기 뱃속에서 드리는 회개의 기도랍니다. 자비하신 하나님은 요나를 당장 죽이지 않으시고 살려 주셨어요. 커다란 물고기를 준비하셔서 요나를 삼키게 하시고 고기 뱃속에서 3일동안 살게 하셨어요.

고기 뱃속은 정말 더럽고 지저분했을 거예요. 창자도 있고, 얼마나 징그럽고 더러웠을까요? 불빛도 없으니 어두컴컴했을 거예요. 우리 친구들이 아마 거기에 있었다고 생각해보세요. 어휴~ 생각만 해도 끔찍해요.

그러나 요나는 불평하지 않고 자기의 불순종한 죄를 하나님께 회개했어요. 3일 밤낮을 계속해서 무릎꿇고 눈물로 기도했지요.

자, 그럼 요나는 어떻게 되었을까요? 하나님께서는 요나의 기도를 들으셨고, 그를 용서해주셨어요. 그리고 3일이 지난 후, 육지에 요나를 토하게 하셔서 그를 건져내셨지요. 그리고 요나는 하나님의 말씀대로 니느웨로 가서 하나님의 말씀을 전했어요.

닫는말

어린이 여러분, 하나님은 순종하는 사람을 기뻐하세요. 그래서 성경에는 수많은 양과 염소를 바치는 것보다 순종하는 것을 기뻐하신다고 적혀있어요.

우리 친구들도 하나님의 말씀에 순종하는 삶을 살기를 기도해요. 혹시 우리 생활 속에 어려움이 있다면 하나님의 말씀에 불순종해서 생긴 어려움은 아닌지 뒤돌아보고 그렇게 떠오른다면 회개하기를 바래요. 그리고 앞으로는 더욱 하나님께 순종하고 또 부모님과 선생님들께도 순종 잘하는 착한 어린이들이 다 되시길 바랍니다.

 시청각자료

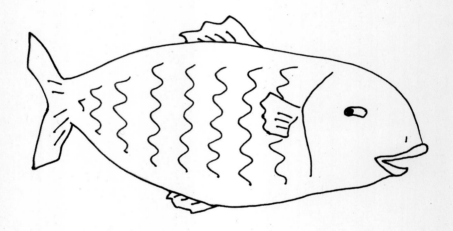

시청각자료

10

믿음이 자라가요

성장 | 히브리서 5:13- 14

대저 젖을 먹는 자마다 어린아이니 의의 말씀을 경험하지 못한 자요 단단한 식물은
장성한 자의 것이니 저희는 지각을 사용하므로 연단을 받아 선악을 분변하는 자들이
니라(히5:13-14).

믿음이 자라가요

대저 젖을 먹는 자마다 어린아이니 의의 말씀을 경험하지 못한 자요 단단한 식물은 장성한 자의 것이니 저희는 지각을 사용하므로 연단을 받아 선악을 분변하는 자들이니라(히5:13-14).

♥ ♥ ♥

여는말

그림을 준비한다.

(기저귀를 찬 갓난아기가 치킨을 먹는 모습, 어른이 우유병을 물고 있는 모습)

어린이 여러분! 지금부터 선생님이 두 장의 그림을 보여줄텐데 그림의 잘못된 부분을 손을 들고 이야기 해보세요.

준비하고, 하나 둘 셋 하면 우리 친구들이 "보여-주세요!"하고 소리치는 거예요. 하나, 둘, 셋! (어린이들이 소리치면 그림을 한 장씩 보여준다)

자, 보여준 그림에서 이상한 부분이 어디인가요? 아는 친구? (손을 들

고 있는 친구들 중에서 몇 명을 선택하여 답을 듣는다)

그래요. 잘 이야기해 주었어요. 바로 이 두 그림은 아기와 어른이 먹는 음식이 서로 바뀌었지요? 아기는 아기 수준에 맞게 우유를 먹어야 하고, 어른은 또 어른답게 단단한 밥이나 고기, 채소… 이런 식사를 해야 해요. 그게 나이에 맞는 식생활이에요.

말씀 속으로

오늘 성경을 보면, 예수님을 믿는 사람들의 영적 성장(믿음의 수준)에 따라서 사람을 세가지로 나눈답니다. 그 첫 번째는 아이, 두 번째는 청년, 세 번째는 아버지예요.(아이, 청년, 아버지가 그려진 그림이나 글씨가 쓰여진 카드를 한 장씩 보여준다)

그럼 하나 하나씩 알아볼까요?

먼저 아이의 믿음을 가진 사람은(아이카드를 보여주며), 예수님을 처음 영접하고 (영접이란, 예수님을 마음으로 믿고 그분이 나의 구원자라는 것을 입으로 시인하는 것을 말해요.) 믿음의 걸음마를 시작한 사람들이에요. 씨를 뿌리면 싹이 나듯 믿음의 싹이 조금 자란 것이지요.

우리가 교회에 처음 나갔을 때 예수님을 믿게 되나요? 그렇지 않죠. 하나님의 말씀을 듣고 배우면서, 정말로 하나님의 아들 예수님이 나의 죄를 위해 십자가에서 돌아가시고 삼일만에 살아나셨다는 것을 확실하게 믿게 될 때, 그것이 바로 아이와 같은 믿음을 가진 때예요.

두 번째로 청년(청년카드를 보여준다)의 믿음은, 예수님을 믿고 교회에 열심히 다니는 가운데, 점점 믿음이 자라서 어느 정도 장성한 어른이 된 믿음이에요. 아직 아버지같이 완전한 믿음은 아니지만 아이보다는 믿음이 많이 자랐지요.

청년의 믿음을 가진 사람은, 하나님의 말씀을 지키기 위해 열심히 노력해요. 하나님이 기도하자 하면 기도하고, 말씀보자 하면 말씀보는 훌륭한 사람이죠. 아무리 힘들고 어려운 환경이 닥쳐도 믿음으로 기도하며 잘 인내해요. 그리고 이웃도 많이 도와주는 사람이에요. 돈이나 먹을 것으로 도와준다는 것보다 사랑으로 보살펴준다는 거예요. 그리고 중요한 것은, 이런 청년의 믿음을 가진 사람들은 십자가에 달려 돌아가신 예수님을 무척 사랑한다는 거지요. 하지만 마음속에 있는 죄 때문에 말씀을 못 지킬 때는 무척 괴로워하죠.

마지막으로 아버지(아버지카드를 보여준다)의 믿음을 가진 사람은 어떤 사람일까요?

아버지는 한 가정의 어른이고, 엄마와 자녀들도 보살피는 책임이 많은 분이세요. 그래서 엄마와 우리들은 그 아버지를 믿고 의지하지요?

이처럼, 영적으로 믿음의 수준이 아버지가 된 사람은, 예수님을 가장 많이 닮은 사람을 말해요. 얼굴이 닮았다는 것이 아니라 예수님의 착한 마음을 닮았다는 거지요.

특히 아버지의 믿음을 가진 사람은, 마음속에 있는 죄가 온전히 해결받고 예수님의 생명이 늘 함께하여 언제 어디서나 빛의 열매, 선의 열매를 맺는답니다. 이런 사람들을 가리켜 천국곳간에 들어가는 익은열매가 된 성도라고 말하지요.

이야기 예화

어린 도미니꼬는 아주 어릴적부터 아버지와 같은 믿음을 갖고 싶었어요. 그래서 말도 하나님께서 기뻐하시는 말만하고, 보아서 좋지 않은 것은 절대 쳐다보지도 않았고, 항상 깨끗한 몸과 마음으로 살려고 노력했어요. 후에 도미니꼬는 정말 아버지와 같은 믿음을 갖게 되었지요.

닫는말

어린이 여러분, 여러분은 어떤 믿음의 사람이 되고 싶은가요? (아이들의 반응을 듣고 난후) 그래요. 하나님께서는 우리모두가 아버지와 같은 믿음의 사람이 되길 원하세요. 그런데 하루아침에 그런 사람이 될 수는 없어요. 이렇게 열심히 교회에도 나오고 하나님의 말씀과 기도로 자신의 죄를 깨끗이 닦는 사람이 그렇게 될 수 있지요. 우리 친구들도 도미니꼬와 같이 믿음이 점점 자라서 아버지의 믿음을 소유하는 친구들이다 되기를 바래요.

시청각자료

11

밀알이 되고 싶어요

희생 | 요한복음 12:20-33

내가 진실로 진실로 너희에게 이르노니 한 알의 밀이 땅에 떨어져 죽지 아니하면 한 알 그대로 있고 죽으면 많은 열매를 맺느니라(요12:24).

밀알이 되고 싶어요

내가 진실로 진실로 너희에게 이르노니 한 알의 밀이 땅에 떨어져 죽지 아니하면 한 알 그대로 있고 죽으면 많은 열매를 맺느니라(요12:24).

♥ ♥ ♥

여는말

(준비물: 싹난 감자, 십자가에 달리신 예수님의 그림)

어린이 여러분, 이 싹난 감자를 살펴보세요. 이 감자의 싹은 어떻게 해서 자라는 것일까요?(미리 준비한 싹난 감자를 보여주면서 감자 자체는 썩으면서 싹이 자랄 수 있는 영양분을 공급해 주기 때문에 그 위에서 감자의 씨눈이 싹이 되어 자란다는 것을 설명해준다).

이와 같이 자기를 희생하지 않고는 어떤 열매도 맺을 수가 없답니다. 희생이란 다른 사람을 위해 내가 힘든걸 참는 것을 말해요. 이 시간 우리는 예수님께서 한 알의 밀알을 통해 가르쳐주신 귀한 희생에 대한 교훈을 배우기로 해요

말씀 속으로

이스라엘의 큰 명절인 유월절이 가까워 오는 어느 날이었어요. 유월절은 우리나라의 설날과 같은 명절이에요. 예수님께서는 제자들에게 아주 중요한 교훈을 들려 주셨어요. "내가 진정으로 너희에게 말한다. 한 알의 밀이 땅에 떨어져 죽지 않으면 한 알 그대로 있지만 죽으면 많은 열매를 맺는다."

이 말씀은 단순히 밀농사에 관한 교훈이 아니에요. 그 말씀은 누구든지 자기를 희생하지 않으면 어떤 열매도 맺을 수 없다는 뜻이에요. 예수님은 한알의 밀알이 땅에 떨어져 죽음으써 많은 열매를 맺는 것처럼 우리를 위하여 희생해 주신 분이에요. 예수님께서 유월절을 앞두고 땅에 떨어져 죽는 교훈을 말씀하신 것은, 자신이 친히 밀알처럼 십자가에 달려서 죽으실 것을 미리 예고하신 것이지요. 예수님은 하늘나라의 영광을 버리시고 죄많은 이땅에 사람이 되셔서 오셨어요. 그리고 죄 없이 우리를 대신하여 십자가에 달려 고통과 죽음을 당하셨어요. 이것이 하나님의 사랑이에요(예수님 그림 보여줌)

예수님이 맞으셨던 수많은 채찍과 조롱, 머리에 쓰신 가시면류관, 양손과 양발에 박힌 큰 못을 보시고 여러분들은 무엇을 느끼나요. 우리의 죄 때문에 그토록 아픔과 고통, 창피함을 참으셨던 예수님, 물과 피 한 방울 하나도 남김 없이 흘려주셨던 예수님….

이러한 예수님의 희생으로 말미암아 모든 사람들이 구원받게 되었어요. 저와 여러분들이 마땅히 지옥에 가야하는데 예수님의 희생으로 천국으로 가게 된 것이지요. 누구든지 한 알의 밀알처럼 십자가에 달려 죽으신 예수님을 믿기만 하면 죄를 용서받고 천국에 갈 수 있는 거예요.

이야기 예화

폴란드라는 나라에서 태어나신 성직자 콜베는 독일군 병사들에게 잡혀서 수용소에 끌려가셨어요. 배 고프고 괴로운 감옥에서도 목사님은 하나님 말씀을 전했고 사랑을 실천했어요.

어느 날, 한 사람의 죄수가 몰래 도망을 쳤어요. 독일군 병사는 그 도망간 사람대신 열명의 사람을 뽑아 열 명의 사람을 뽑아 굶겨 죽이겠다고 말했어요. 열 명의 사람들이 뽑혔어요. 그런데 그 중 한 사람이 울면서 소리쳤어요. "나는 죽으면 안됩니다. 내 아내와 아이들이 있는데…" 그러자 경비병들이 달려와 그를 마구 짓밟기 시작했어요. 바로 그때 사람들 틈으로 한 사람이 걸어 나왔어요. 피투성이가 되어 쓰러져 있는 사람을 감싸안고는 대신 자신의 몸으로 경비병들의 구둣발을 맞았어요. 바로 콜베였어요. "제가 대신 죽겠습니다." 라고 말씀하셨어요. 결국 콜베는 다른 아홉 명의 포로와 함께 죽음의 지하실에 내던져졌어요. 한 번 철문이 닫히면 모두 굶어 죽을 때까지 영원히 열리지 않는 방이었어요. 밥은 물론, 물도 햇빛도 이불도 없었어요. 바로 그곳에서 콜베는 아홉 명의 영혼에게 마지막까지 복음을 전하며 조용히 숨을 거두었어요.

닫는말

어린이 여러분, 성직자 콜베님은 예수님을 본받아 자신의 목숨을 내어주는 커다란 희생을 보여 주셨어요. 우리도 예수님을 본받아야 되겠어요. 우리도 예수님처럼 다른 사람을 위해 희생해야 해요. 친구들의 무거운 물건을 먼저 들어주고, 친구에게 좋은 자리를 양보해주고, 자신이 먹고 싶어도 친구에게 먼저 맛있는 것을 건네주고는 것. 이것이 땅에 떨어진 한 알의 밀알처럼 죽는 거예요. 손해보고, 희생하지 않으면 예수님을 사랑할 수 없어요. 물론, 친구도 이웃도 사랑할 수 없지요.

　예수님의 희생으로 구원을 받게된 우리가 예수님을 위해서 또 불쌍한 이웃을 위해서, 친구들을 위해서 희생의 생활을 해야하는 것은 당연한 일이지요. 자기를 희생한다는 것은 결코 쉬운 일은 아니에요. 때로는 남 몰래 눈물을 흘릴 때도 있고 어려움을 겪을 때도 있어요. 하지만 여러분이 한번 희생할 때마다 하늘에 상급이 듬뿍듬뿍 쌓인답니다. 그보다 중요한 것은 하나님께서 무척 기뻐하신다는 거예요. 우리 모두 예수님을 본받아 남의 유익을 위해 자기를 희생할 수 있는 모두가 되어요.

시청각자료

 시청각자료

12

사랑하며 살래요, 예수님처럼

사랑 | 누가복음 9:51- 56

예수께서 예루살렘을 향하여 가시는 고로 저희가 받아들이지 아니하는지라 제자 야고보와 요한이 이를 보고 가로되 주여 우리가 불을 명하여 하늘로 좇아 내려 저희를 멸하라 하기를 원하시나이까 예수께서 돌아보시며 꾸짖으시고 함께 다른 촌으로 가시니라(눅9:53-56).

사랑하며 살래요 예수님처럼

예수께서 예루살렘을 향하여 가시는 고로 저희가 받아들이지 아니하는지라 제자 야고보와 요한이 이를 보고 가로되 주여 우리가 불을 명하여 하늘로 좇아 내려 저희를 멸하라 하기를 원하시나이까 예수께서 돌아보시며 꾸짖으시고 함께 다른 촌으로 가시니라(눅9:53-56).

♥ ♥ ♥

여는말

(선생님과 아이 한 명이 나온다. 앞으로 가지 못하도록 막는 모습을 보여준다. 몇 명의 아이들에게 신문지로 만든 돌을 던지게 한다)

어린이 여러분, 혹시 길을 가는데 사납게 보이는 아이들이 길을 막고 있어서 짜증난 적은 없었나요? 그때 여러분의 마음은 어땠나요? 무섭기도 하고 억울하기도 하고 밉기도 했지요? 그래서 어떤 어린이는 싸우기도 하고 또 어떤 어린이는 무서워서 다른 곳으로 돌아가기도 했을 거예요. "너, 우리 엄마한테 일러줄꺼야! 거기 가만히 있어." "흥, 어디 두고 봐라."라고 벼르는 마음을 가지기도 했을 거예요.

어린이 여러분! 만약 예수님께서 우리처럼 그런 경우를 당하셨다면 어떻게 하셨을까요? 우리처럼 맞붙어 싸우셨을까요? 아니면 맞을까봐 슬쩍 도망치셨을까요?

말씀 속으로

예수님께서 죄인들을 위해 십자가에서 못 박혀 죽으실 시간이 가까와 오고 있었어요. 예수님께서는 이것을 아시고 예루살렘으로 올라가기 위해 사마리아 마을에 들어가게 되었어요. 예루살렘으로 가려면 사마리아 땅을 지나가는 것이 가장 빨랐거든요.

"저기- 저희 선생님과 함께 예루살렘으로 가야하는데 이 길로 지나가도 될까요. 부탁드립니다." 제자들은 사마리아 마을 사람들에게 이곳을 지나가게 해줄 수 있느냐고 물어 보았어요. 그러자 이게 어떻게 된 일일까요? "당신들이 우리를 언제 사람 취급이나 했소? 흥! 아쉬우니까 우리에게 부탁하는 거요? 일없으니까 당장 꺼지시오. 이곳에 한 발짝도 들여놓을 수 없소." 사마리아 사람들은 버럭 화를 냈어요. 그들은 아마 욕도 하고 돌맹이를 던졌을지도 몰라요. 사마리아인들과 유대인들은 서로 미워하고 싫어했거든요.

이런 억울하고 어이없는 일을 당하자 제자들은 몹시 화가 났어요. 그 중에 야고보와 요한은 너무너무 화가 났지요. 그래서 "예수님, 당장 하늘에서 불이 내리라고 명령하여 저 못된 사람들을 다 혼내줄까요?"하고 말했어요. 예수님께서는 씩씩거리며 화를 내는 제자들을 꾸짖으셨어요. "차라리 우리가 다른 마을로 돌아서 가자." 예수님과 제자들은 멀고 불편한 다른 길로 돌아서 가셨어요.

어린이 여러분! 예수님은 사마리아인들이 예수님께 그런 나쁜 행동을 했는데도 사랑으로 오래 참아 주셨어요. 짜증한번 내지 않고 온유한 모습으로 그들을 대하셨어요. '홍, 두고보자' 라고 벼르지도 않았어요. 그들을 미워하거나 벌을 주려고도 하지 않았지요. 그들이 원하는 대로 다른 마을로 돌아가셨어요. 비록 다른 마을로 가면 멀고 힘든 길이었지만 그 길을 선택하셨어요. 예수님은 무슨 일을 빨리 하는 것보다 사랑으로, 빛 가운데 행하는 것을 좋아하셔요. 예수님처럼 우리도 이렇게 착하고 예쁜 마음을 가지면 얼마나 좋을까요.

이야기 예화

거지 성인으로 널리 알려진 '분도 요셉 라브르' 라는 분이 계셨어요. 물론 태어날 때부터 거지는 아니지요. 하나님을 위하여 가난하게 살고자 스스로 거지가 되신 분이에요.

어느 날, 라브르가 어떤 마을을 지나가고 있었어요. 그런데 동네 아이들이 거지 모습을 한 라브르를 보고 뒤따라오면서 놀리며 돌멩이를 던지기 시작했어요. "얼레리 꼴레리~ 옷도 다 떨어지고 세수도 안했대요. 땟국물이 줄줄 흐르네. 거지야, 거지야. 지금 어디가니? 동냥하러 가니?" 앗! 이럴 수가… 아이들이 던진 돌멩이 중 하나가 라브르의 발 복숭아 뼈에 맞았어요. 복숭아 뼈에서 붉은 피가 흘러 내렸어요. 얼마나 아팠는지 절룩절룩 거리며 겨우 걸음을 걸었어요. 그런데도 라브르는 전혀 화를 내지 않는 거예요. 오히려 자기에게 돌멩이를 던진 아이를 위해 기도를 하시는 것이었어요.

새 학년이 된 민석이는 매일 학교가 끝나면 집으로 오기 바빴어요. 왜냐하면 새 학년이 되면서 같은 반이 된 아이 중에 덩치가 아주 크고 힘이 센 아이가 있는데 그 아이가 자꾸 때리고 괴롭히기 때문이었어요. 아무 이유도 없이 남으라고 하기도하고 말 안들으면 혼내주겠다고 협박도 했어요. 그러나 민석이는 그 아이를 이길 힘이 없기 때문에 억지로 참고 있었어요. 생각만 해도 분하고 억울해서 어쩔 줄 몰랐어요. 그래서 생각다못해 어머니께 말씀드렸더니 어머니께서 하시는 말씀이 "민석아, 네가 그 아이를 이길 수 있는 방법은 꼭 한 가지가 있단다. 그것은 그 미운 아이를 위해 기도하고 친절하게 대해 주는 거야. 사랑하라는 것이지. 그러면 그 아이는 자기의 잘못을 뉘우치고 반드시 착한 아이가 될 거야."

민석이는 그 아이를 위해 기도하기 시작했어요. 그리고 그 아이를 미워하지 않으려고 노력했어요. 처음에는 쉽지 않았지만 자꾸 자꾸 기도하자 예수님께서 그 아이를 좋아할 수 있는 마음을 주셨어요. 그러자 얼마 후 그 아이는 민석이의 착한 모습을 보면서 자신의 행동이 잘못된 것을 깨닫게 되었어요.

닫는말

어린이 여러분! 우리도 예수님처럼 사랑하며 살아요. 나를 미워하고 욕하고 때리고 괴롭히는 친구들을 용서해주고 친절하게 대해 주어요. 물론 처음은 잘되지 않겠지요. 그러나 그때에도 실망하지 않고 기도하면서 최선을 다해 사랑하려고 노력해야 해요. 그러면 예수님은 분명히 사랑할 수 있는 마음을 주실 거예요. 그리고 우리가 아무리 억울해도 참으며 사랑하려고 노력하는 모습을 보시고 천사들을 통해 도와주실 거예요. 우리함께 "♬예수님처럼 착한 마음을 가질 수는 없을까~♬" 찬양을 드리면서 우리도 예수님처럼 사랑하면서 살아갈 수 있도록 힘을 달라고 기도 드려요.

 시청각자료

 시청각자료

13

소리나는 구리, 울리는 꽹과리

사랑 | 고린도전서 13:1-3

내가 사람의 방언과 천사의 말을 할지라도 사랑이 없으면 소리나는 구리와 울리는 꽹
과리가 되고(고전13:1).

소리나는 구리, 울리는 꽹과리

내가 사람의 방언과 천사의 말을 할지라도 사랑이 없으면 소리나는 구리와 울리는 꽹과리가 되고(고전13:1).

♥ ♥ ♥

여는말

(역할극 또는 그림을 보여주면서 사랑없는 사람들의 모습과 상황을 몇가지 보여준다)

상황1

어느 주일날이었어요. 동희는 교회에 다니는 초등학교 4학년 친구였어요. 그날도 동희는 늦잠을 자서 바쁘게 옷을 챙겨입고 세수도 안하고 교회에 가고 있었어요.

(한 사람이 쓰러져 배를 잡고 구르고 있다.)

아저씨: 아휴~배아파. 사람 살려! 배아파 죽겠어요. 누구 나 좀 도와주세요.

(한 아이가 그 길을 지나간다.)

동희: 아저씨, 왜그러세요? 어디 아프세요?

아저씨: 배가 탈이 난 것 같아. 애야. 제발 나 좀 도와주라. 아파서 걸을 수가 없구나.

동희: (잠시 생각을 한다) 어휴~ 이를 어쩌죠? 저는 지금 교회가는 길인데 예배시간에 늦었어요. 어떡하죠? 아저씨를 도와드릴 수가 없어요. 죄송해요. 예배 끝나고 와서 혹시 그때라도 계시면 도와 드릴께요. (바삐 지나가 버린다)

아저씨: 애야! 제발, 나를 두고 가지 마라. 아이고 배야~

상황2

두 번째 이야기예요. 병팔이는 지난 여름, 부모님과 함께 해수욕장에 다녀왔어요. 그런데 거기서 놀라운 일이 일어났어요. 무슨 일인지 어디 한번 볼까요? (역할극이나 그림을 보여준다)

아줌마: 사람 살려요! 어머! 우리 아기가 물에 빠졌어요. 누구 없어요? 누구 우리 아기 좀 꺼내주세요. (소리지르며 슬피 도움을 요청한다)

병팔이: (혼자 생각하며 독백으로)어, 들어갈까말까? 어떻게 하지. 아, 그래 사람들도 많이 쳐다보고 있는데 내가 들어가서 도와주면 나는 정의의 용사가 되는 거야. 어쩜 신문이나 TV에 나올지도 몰라. 그래. 나는 수영도 잘하잖아. 들어가자!

병팔이는 물 속에 뛰어들었어요. 그리고 순식간에 물에 빠진 아기를 건져냈답니다. 많은 사람들이 병팔이의 주위에 몰려들었어요.

사람1: 와! 학생 정말 대단하다. 정말 훌륭한 학생이군. 어디학교 다니니?

사람들의 칭찬에 병팔이는 마음이 우쭐해졌어요. 그래서 자신있게 말했지요.

병팔이: 아, 네. 이거 별거 아니예요. 나는 수영도 잘해서 누워서 떡먹기처럼 쉬웠어요. 어디든 물에 빠진 사람있으면 모두 저에게 연락주세요. 하하하~

상황3

다음은 인천에 사는 영은이 이야기랍니다.

영은이는 교회에 다니는 친구였는데, 집이 무척 가난했어요. 영은이의 아빠는 돌아가셨고, 엄마와 단 둘이서만 살았어요. 엄마는 시장에서 야채를 파셨고, 그 돈으로 힘들게 영은이와 살았어요.

그런데 영은이에게는 고민이 있었어요. 그것은 바로 주일이 되면 하나님께 헌금을 드리고 싶었지만, 드릴 돈이 없어서 항상 빈손으로 교회에 가곤 했어요. 영은이의 꿈은 하나님께 헌금을 드리는 것이었어요. 그게 영은이의 작은 꿈이었어요.

어느 날, 영은이에게 용돈이 생겼어요. 그건 아주 작은 돈이었어요. 다른 친구들의 용돈에 비하면 정말 보잘 것 없는 돈이었지만 영은이는 그 돈을 군것질을 하거나, 쓰고 싶은데 쓰지 않고, 소중하게 보관했어요. 그리고 주일이 되자, 교회에 가서 헌금함에 정성껏 그 돈을 넣었어요. 그리고 예배당에 앉은 영은이는 조용히 무릎을 꿇고 이렇게 기도했어요.

"하나님, 저는 가난해요. 그런데 얼마 전에 작은 돈이 생겼어요. 그래서 이 돈을 하나님께 드렸어요. 정말 작은 돈인데 그래도 하나님은 받아

주실 거지요?"

여러분! 우리는 세 명의 어린이들을 보았어요. 동희와 병팔이, 그리고 영은이에요. 동희는 무슨 일을 겪었나요?(복습겸 아이들에게 묻는다.) 그 다음 병팔이는요? (답변을 듣고) 네. 그리고 마지막으로 영은이는 어떤 일을 했지요? 그래요. 잘 이야기해주었어요.

그런데 이 세 명의 어린이들 중에서 하나님께서는 어떤 어린이를 가장 기뻐하셨을까요? 그래요. 바로 영은이에요. 왜냐구요? 그 이유는 오늘 성경 속에 있답니다. 함께 본문말씀을 다시한번 읽어볼까요?

영은이의 마음속에는 사랑이 있었어요. 반면에 동희는 교회에 열심히 다녔지만, 불쌍한 아저씨를 도와주고자 하는 사랑이 그 마음에 없었어요. 그리고 병팔이는 물에 빠진 아기를 건져준 아주 훌륭한 일을 하였지만, 사랑을 가지고 한 것이 아니라 자기를 자랑하고 싶어서 했던 거예요. 이런 마음들은 진정한 사랑이 아니에요.

여러분, 하나님께서는 우리가 어떤 훌륭한 일을 했다할지라도 사랑이 없이 한 것은, 아무 소용이 없다고 말씀하셨어요. 마치 소리나는 구리와 울리는 꽹과리처럼 요란하기만 하지 아무런 소용이 없다는 거예요. 당연히 하늘나라에 상이 있을까요. 당연히 없지요.

닫는말

혹시 우리 친구들도 선생님께 잘 보이고 싶어서 휴지를 줍고 방석을 정리한다거나, 예배를 잘 드리는 척 하지는 않나요? 심부름도 그냥 용돈을 받고 싶으니까 하지는 않나요? 혹시 헌금을 하면 친구들이나 선생님께 칭찬 받을까봐 하지는 않나요?

이런 모습들은 하나님께서 결코 기뻐하는 모습이 아니에요. 천국에는 아무런 상도 없답니다. 남을 도와준다거나 예배를 드릴 때, 심부름을 하거나 또 정말 작은 선행을 실천할 때라도 하나님과 이웃을 사랑하는 마음으로 한다면 하나님께서는 그것을 기뻐 받으셔요.

우리 친구들도 이제부터는 모든 일을 사랑을 가지고 할 수 있겠지요?

 시청각자료

시청각자료

14

알파와 오메가

신년 | 요한계시록 1:8

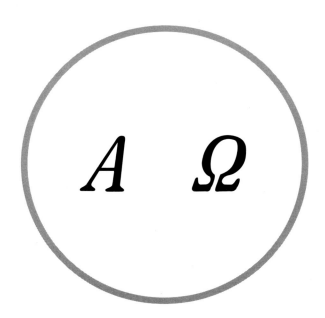

주 하나님이 가라사대 나는 알파와 오메가라 이제도 있고 전에도 있었고 장차 올 자요 전능한 자라 하시더라(계1:8).

알파와 오메가

주 하나님이 가라사대 나는 알파와 오메가라 이제도 있고 전에도 있었고 장차 올 자요 전능한 자라 하시더라(계1:8).

♥ ♥ ♥

여는말

여러분, 모든 것은 시작과 끝이 있어요. 사람도 태어나면 나중에는 죽음이 있고, 이런 물건도(컵을 들고) 처음에는 컵이 아니었는데 누군가에 의하여 이런 컵으로 만들어지게 된 것이지요. 자연도 마찬가지예요. 처음부터 옥수수가 생긴 것이 아니라 씨앗이 점점 자라서 맛있고 잘 익은 옥수수가 된 것이지요.

이처럼 지구에 있는 모든 것은 시작과 끝이 있는 법이랍니다.

우리 함께 성경을 한번 볼까요? 오늘 읽은 본문말씀에 모르는 단어가 두 개 나오지요? 그게 뭔지 그리고 그 뜻은 무엇인지 함께 살펴보아요.

자, 여기를 보세요. 누가 이 글자를 한번 읽어볼까요? (히브리어 알파와 오메가를 종이에 각각 써서 보여주며) 무슨 글자인지 아무도 모르겠죠. 그럼 천천히 선생님이 알려주어야 겠네요.

먼저 알파.(글자카드) 이 말의 뜻은, '처음'이라는 뜻이에요. 곧 '시작'을 의미하지요. 태초에 만물을 창조하신 분이 누구시죠? 그래요. 하나님이세요. 하나님께서는 만물의 창조자이자, 처음이 되는 분이시랍니다. 하나님은 이 세상이 만들어지기 전에도 계셨고 또한 지금도 살아서 우리와 함께 계신답니다. 모든 것의 처음이 되시는 분은 곧 하나님이세요. 이것을 일컬어 '처음이 되시는 하나님'이라고 해요.

두 번째로 오메가에요. (글자카드) 이 글자의 뜻은, '끝, 나중'이란 뜻이에요. 마지막을 의미하죠. TV에서도 보면 드라마의 마지막이 있지요. 그처럼 이 세상의 마지막도 하나님이시랍니다. 하나님께서는 모든 것의 처음이자 나중이 되시는 분이세요.

장차 예수님께서 다시 오시면 이 세상은 성경에 적힌 대로 사라지게 될 것이고, 영원한 하나님의 나라만이 남게 될 거예요. 그 영원한 나라의 주인공은 바로 예수님이시고, 우리는 그 나라에서 예수님과 함께 영생을 누리며 살게 될 거예요.

오늘은 새해 첫주일이에요. 2003년도가 지나고 2004년도가 시작된 첫 주일이지요.

지난 2003년도에 잘했던 것과 잘못했던 것은 잊어버리고 이제 새롭게 새해를 맞이하여서 우리는 새로운 시작을 하는 시기에 와 있어요. 나이도 한 살 더 먹게 되고, 학년도 올라가게 되고, 새로운 친구들과 새로운 선생님도 만나게 될 거예요.

그러나 그보다 더 중요한 것은, 모든 것의 처음과 나중이 되시는 예수님 안에서 우리가 한 해를 새롭게 맞이해야 한다는 거예요.

하나님과 상관없는 새해, 하나님과 상관없는 시작이라면 주님은 무척 슬퍼하실거예요. 그 시작은 아무리 거창한 계획을 짠다고 할지라도 좋은 결과를 맺기가 어려울거예요. 왜냐하면 우리는 하나님의 도우심 가운데 순간순간 살아가고 있기 때문이에요. 선생님도 새해를 맞이해서 '올 한해는 이렇게 살았으면 좋겠다!' 해서 새로운 목표와 계획들을 짰어요. 그리고 하나님께 이렇게 기도했지요. "하나님, 제가 세운 목표와 계획들이 하나님의 뜻과 방법대로 이루어지게 도와주세요. 그래서 새해는 하나님을 기쁘시게 해 드리는 해가 되게 해 주세요."

사랑하는 우리 친구들! 우리 친구들중에 혹시 새해 목표나 계획을 짜지 않은 친구들 있나요? 아니면 하나님과 상관없는 그런 계획들만 세우지는 않았나요? 만약 그렇다면 오늘 다시 하나님이 기뻐하시는 목표와 계획을 세우고 실천해보세요. 분명 처음되시는 하나님께서 도와주실 거예요. 그리고 나중되시는 하나님께서 2004년의 마지막에 좋은 결과를 맺게 해 주실 거예요.

이야기 예화

도미니꼬 사비오는 어릴적부터 하나님을 무척 사랑하여 다음과 같은 계획을 세웠어요.

첫째, 나는 자주 하나님께 회개기도를 하겠다.

둘째, 주일을 거룩하게 지내겠다.

셋째, 내 친구는 예수님이다.

넷째, 차라리 죽을지언정 죄를 짓지 않겠다.

우리도 지금부터 새로운 새해계획을 세워볼까요?

15

열두 진주문, 빛의 나라

천국 | 요한계시록 21:10-25, 4:2-6

성령으로 나를 데리고 크고 높은 산으로 올라가 하나님께로부터 하늘에서 내려오는 거룩한 성 예루살렘을 보이니 하나님의 영광이 있으매 그 성의 빛이 지극히 귀한 보석 같고 벽옥과 수정같이 맑더라(계21:10-11).

열두 진주문, 빛의 나라

성령으로 나를 데리고 크고 높은 산으로 올라가 하나님께로부터 하늘에서 내려오는 거룩한 성 예루살렘을 보이니 하나님의 영광이 있으매 그 성의 빛이 지극히 귀한 보석 같고 벽옥과 수정같이 맑더라(계21:10-11).

♥ ♥ ♥

여는말

(칠판을 준비하여 칠판에 세계지도를 붙여놓는다. 아니면 지구본을 준비해도 좋다)

어린이 여러분! 여기에 있는게 무엇이죠? 그래요. 세계지도예요. 그럼 여기 세계지도에서 우리 대한민국이 어디 있는지 아는 친구 손들어 볼래요? (손든 아이중에서 한명을 불러내어 세계지도나 지구본에서 대한민국을 찾게 한다)

참 잘했어요. 역시 영철이는 학교에서 공부를 열심히 한 것 같아요. 그럼 선생님이 여기 칠판에 영철이가 짚어준 대한민국의 지도를 그려볼께요. (칠판에 대한민국의 지도모양을 그린다)

말씀 속으로

우리가 살고 있는 대한민국은 바로 이런 모양이지요. 그럼, 하나님이 계신 천국은 어떤 모양이고 어떤 나라일까요? 우리 한번 천국을 향하여 성경여행을 떠나볼까요?

다함께 요한계시록 21:10~12절을 읽어보겠습니다. (다함께 읽은후)

오늘 성경에 보니까 하나님의 나라는 빛의 나라라고 이야기해주고 있어요. 빛이 얼마나 밝은지 거기에는 어둠이 전혀 없고 밤이 없는 나라예요.

천국에는 열두문이 있는데 문에 열두 천사가 있고(칠판에 그림을 그리며 설명하면 더욱 좋다) 천국을 둘러싸고 있는 성벽은 다양한 열 두가지의 보석으로 되어 있는데, 이 세상에서는 구경도 할 수 없는 보석들로 만들어져 있어요. 어떤 보석일까요? 선생님도 본 적은 없지만, 벽옥, 남보석, 옥수, 녹보석, 홍마노, 홍보석, 황옥, 녹옥, 담황옥, 비취옥, 청옥, 자정. 우와! 정말 대단하지 않나요?

그리고 천국의 열두문은 또다른 열두가지 진주로 되어 있어요. 그뿐인가요? 천국의 길은 맑은 유리같은 정금으로 되어 있대요.

여러분 생각해보세요. 우리가 걷는 길은 보통 흙길이나, 아스팔트 아니면 대리석으로 된 길이에요. 그런데 하나님의 나라는 아래를 쳐다보아도 내 얼굴이 비치고, 반짝 반짝 빛이나는 마치 맑은 유리와 같은 정금으로 되어 있대요. 그 길을 우리 친구들의 손을 붙잡고 걷는다면 얼마나 좋고 행복할까요? 아마 우리 소정이는 신기하고 놀라와서 폴짝 폴짝 뛰어다닐지도 몰라요.

그럼 이렇게 아름다운 천국에는 또 누가 계실까요? 누가 계실지 손들고 한번 이야기해볼까요?

그래요. 우리 친구들이 이야기해 준 것처럼, 그런 분들이 계신지 한번 성경을 찾아볼까요?

요한계시록 4:2~6절까지예요. 먼저 찾은 친구가 큰 목소리로 읽어주세요.

그래요. 천국에는 가장 빛이 밝은 큰보좌가 있는데, 거기에 누가 앉아 계실까요? (하나님이요) 그래요. 하나님이 계시고, 또 24개의 보좌에는 (보좌는 의자를 의미함) 24명의 장로님이 앉아계세요. 여기에는 아브라함 할아버지와 이삭, 야곱, 또 요셉도 있답니다.

그리고 천국에는 아름다운 천사들도 있지요. 수많은 천사들이 하나님의 수종을 드는데 그 중에서 천사들의 짱이라고 할 수 있는 대장격되는 일곱명의 천사장들이 있어요. 성경에 잘 나오는 가브리엘과 미가엘도 그중에 포함되어 있지요.

닫는말

아무튼 천국은 이처럼 아름다운 빛의 나라이고, 예수님을 믿는 성도들을 맞이하기 위해서 지금도 바쁘게 준비하고 있답니다. 우리 모두 그 천국에 들어가고 싶죠?

우리 이시간, 다같이 무릎을 꿇고 "하나님, 아름다운 천국에 우리 모두가 들어갈 수 있도록 도와주세요. 또 그러기 위해서 더욱 열심히 예수님을 믿고 따르게 해 주세요"하고 기도하겠습니다.

시청각자료

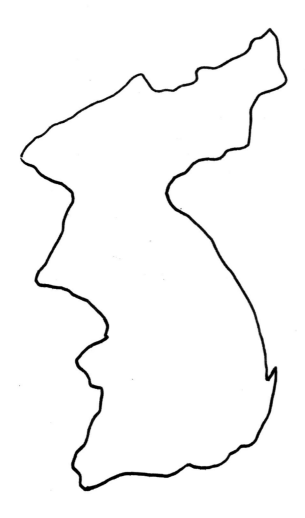

 시청각자료

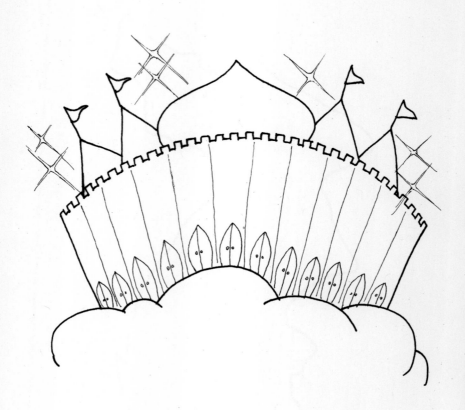

16

예쁜 얼굴, 예쁜 마음

겸손 | 누가복음 14:11

무릇 자기를 높이는 자는 낮아지고 자기를 낮추는 자는 높아지리라(눅14:11).

예쁜 얼굴, 예쁜 마음

무릇 자기를 높이는 자는 낮아지고 자기를 낮추는 자는 높아지리라(눅14:11).

♥ ♥ ♥

여는말

(그림을 보여주며 이야기를 들려준다)

어린 로사는 1586년 페루에서 태어났어요. 로사는 어릴적부터 얼굴이 장미꽃처럼 예뻤기 때문에 영어로 장미(rose)라는 뜻을 가진 '로사'라고 불리게 되었지요.

로사의 부모님들은 하나님을 잘 섬겼고, 10명의 자녀들도 믿음으로 잘 키우셨어요. 로사는 그중에 장녀였어요.

로사는 철이 나기 시작한 때부터 하나님께 기도를 많이 하였어요. 그리고 어린 시절에는 대수술을 받게 되었는데 이를 악물고 고통을 참으며 조금도 눈물을 흘리지 않았다고 해요.

우리 친구들은 조금만 아파도 짜증을 부리고 엄살을 피우지는 않나요? 로사는 그러지 않았어요. 왜냐하면 예수님께서 십자가에서 달린 고통을 생각하면서 참고 싶었기 때문이에요.

하나님은 이런 로사를 무척 사랑하셨어요. 그래서 로사가 기도할 때 꿈속에서 나타나기도 하시고 로사가 드린 기도에 금방 응답해 주셨지요.

이야기 예화

그러던 어느 날이었어요. 점심때가 조금 지나서 로사는 페르난도 오빠와 같이 마당안에서 놀고 있었어요. 그때 로사는 다섯 살이었고 오빠는 일곱 살이었어요. 로사는 머리를 감고 말리기 위해서 햇볕에 앉아 있었어요. 로사의 머리는 참 곱고 아름답게 반짝였어요.

그런데 바로 그때, 오빠가 소리쳤어요. "로사, 너 얼굴이 좀 예쁘고 옷을 잘 차려입었다고 해서 우쭐대거나 뻐긴다면 지옥에 떨어지고 말거야. 그러니까 잘난척 하지 마!"

그리고 오빠는 진흙을 손으로 한웅큼 가지고 와서 곱게 빗은 로사의 머리와 얼굴에 뿌렸어요. 그리고 건방지게 굴지 말라고 이야기했어요.

여러분, 우리 친구들이 만약 로사였다면 어떻게 하였을까요? 아마 어떤 친구는 "엉엉-" 울면서 엄마에게 가서 오빠를 혼내주라고 고자질했을지도 몰라요.

하지만 로사는 오빠의 말에 무척 놀랐지만, 그렇게 하지 않았어요. 그리고 마음속으로 이렇게 생각했어요. '오빠를 통해서 예수님이 나에게 말씀하신 거구나. 그래. 난 얼굴이 예쁘고 머릿결이 곱다고 마음이 높아져 있었어. 오, 하나님! 저를 용서해 주세요.'

우리 친구들도 머리가 길고 예쁘면 예쁘게 묶기도 하고 땋기도 하고 싶죠? 그리고 남자친구라면 잘생긴 얼굴을 가지고 거울을 보며 '와! 내 얼굴 참 잘생겼는데….' 하고 좋아할지도 몰라요.

하지만 로사는 오빠의 말을 듣고 곧장 집으로 달려가 머리를 잘랐어요. 그리고 절대로 멋을 내거나 잘난척을 하지 않았어요. 그리고 하나님께 이렇게 기도했어요.

'하나님, 제 얼굴이 예쁘다고 마음이 교만해지지 않게 해주세요.'

로사는 어른이 되어서도 결혼을 하지 않고 수녀가 되어서 예수님만을 위해 살았지요. 그리고 후에는 자신의 예쁜 얼굴 때문에 다른 사람의 마음을 빼앗으니까, 그것이 싫어서 얼굴에 매운 후춧가루를 뿌리고 흠집을 내었어요. 일부러 못생긴 얼굴을 만든 것이지요.

닫는말

어린이 여러분!

성경에는 무릇 자기를 높이는 자는 낮아지고 자기를 낮추는 자가 높아진다고 했어요. 우리 친구들도 가끔씩 자기 집이 좋고 부자여서, 아니면 얼굴이 예쁘고 공부를 잘해서, 또는 나는 친구들에게 인기가 좋다는 이유 때문에 자기를 높이는 경우가 있어요.

그러나 하나님께서는 언제나 겸손한 몸과 마음으로 자기를 낮추는 어린이를 기뻐하세요. 남이 나의 잘못을 지적해도 마치 로사처럼 겸손하게 받아들인다면 그 어린이는 훌륭한 사람이 될 거예요. 로사도 후에는 하나님이 기뻐하시는 성녀(거룩한 사람=예수님을 닮은 사람)가 되어서 하나님의 품으로 갔답니다. 우리모두 로사와 같이 예쁜 마음으로 하나님을 기쁘시게 해 드려요. 아멘!

 시청각자료

17

예수님의 작은꽃

성화 │ 마태복음 5:48

그러므로 하늘에 계신 너희 아버지의 온전하심과 같이 너희도 온전하라(마5:48)

예수님의 작은 꽃

그러므로 하늘에 계신 너희 아버지의 온전하심과 같이 너희도 온전하라(마5:48).

♥ ♥ ♥

여는말

우리 친구들은 이 세상에서 가장 존경하는 사람이 누군가요? 선생님이 몇 사람에게 물어보겠어요. 먼저 일선이! 일선이는 누구를 이 세상에서 가장 존경하나요? 물론 하나님과 예수님은 빼고요. (이렇게 두 세 명의 어린이에게 질문을 한 뒤 대답을 듣는다)

그래요. 우리에겐 이처럼 존경하는 사람이 있어요. 그분은 부모님이 될 수도 있고, 선생님이, 또한 성경인물이 될 수도 있어요.

존경한다는 것은 그 분의 삶을 닮고 싶다는 거예요. 곧 나도 그러한 사람이 되고 싶다는 것이지요. 선생님도 존경하는 분이 있어요. 그분은 예수님을 아주 많이 닮은 분으로 선생님 마음 속에 꼭 꼭 숨어계신 아주 소중한 분이지요. 오늘 선생님은 그분을 우리 친구들에게 소개해 주고 싶어요.

이야기 예화

(그림자료를 준비해서 이야기를 들려주면 좋을 것 같다)

리지외의 테레사는 프랑스의 작은 마을에서 태어났어요. 테레사의 가정은 부유했고, 형제들도 무척 많았지요. 그런데 어느 날, 그러니까 테레사가 5살 때 사랑하는 엄마가 병으로 돌아가시게 되었어요. 그때부터 밝고 명랑했던 테레사는 조용하고 침울한 어린이가 되었어요.

테레사는 언니들이 무척 많았는데 그중 셀리나 언니를 자기의 엄마로 생각하며 따랐어요. 테레사는 어릴적부터 교회에 다니며 기도하기를 좋아했는데 다섯 살 때는 무릎을 꿇고 이렇게 기도했다고 해요.

"예수님, 저는 성녀가 되고 싶어요!"

여러분, 성녀가 무엇을 뜻하는지 아나요? 성녀란, 바로 마음이 예수님을 온전히 닮은 사람을 뜻해요. 오늘 말씀처럼 하나님의 온전하심과 몸과 마음이 깨끗한 온전한 사람을 의미하지요.

그런데 테레사에게 슬픔이 찾아왔어요. 사랑하는 언니들이 하나, 둘 수녀원에 들어가는 것이었어요. 사랑하는 언니들과 이별을 해야 한다는 것은 무척 슬픈 일이었어요.

테레사는 점점 슬픈 아이가 되어갔어요. 학교에서도 친구들과 잘 말을 하지 않고 공부에만 신경을 썼지요. 친구들은 얼굴도 예쁘고 공부도 잘하는 테레사를 시기했어요.

하지만 테레사는 그 친구들을 미워하지 않으려고 노력했어요. 왜냐하면 하나님께서는 친구를 미워하면 사람을 죽이는 것과 같다고 하셨기 때문이에요.

그런데 어느 날, 큰 일이 일어났어요. 갑자기 테레사가 쓰러진 거예요.

가족들은 깜짝 놀랐어요. 의사를 불렀지만 의사는 테레사의 병이 무슨 병인지 알 수 없다고 했어요. 테레사는 점점 죽어갔어요. 가족 모두가 테레사가 곧 죽을거라고 생각했어요. 그런데 여러분, 기적이 일어났어요.

어느 날, 테레사가 방안에 혼자 있는데 예수님의 어머니, 성모님이 나타나신 거예요. 그리고 테레사의 손을 잡고 활짝 웃어주시는 거였어요. 테레사는 마리아의 미소를 보고 덩달아 웃었어요. 그런데 놀랍게도 그 일이 있은 후, 테레사의 병은 씻은 듯이 깨끗이 나았어요.

하나님께서 테레사의 병을 고쳐주신 거였어요.

여러분, 테레사는 이제 어떻게 되었을까요? 그래요. 테레사는 이제 더 이상 슬퍼하지 않고 열심히 기도하기 시작했어요. 이렇게 기도했어요. "사랑하는 하나님, 감사합니다. 이제 저는 하나님을 위해서, 사랑하는 예수님을 위해서 살겠어요. 저를 모두 하나님께 바치겠어요."

테레사는 그때부터 수녀가 되기로 결심했어요. 여러분, 수녀란 무엇을 말하나요? 그래요. 결혼을 하지 않고 예수님을 위하여 몸과 마음을 바치는 사람을 이야기해요.

수녀가 되는 것은 무척 어려웠어요. 그 당시 테레사의 나이는 15살이었는데 20살이 되어야만 수녀원에 들어갈 수 있었어요. 테레사는 수녀원에 들어가고 싶어서 아버지께 말씀을 드리고 교황도 만나뵈러 갔어요. 하지만 모든게 허사였어요. 그런데 이게 웬일인가요? 하나님께서 테레사의 소원을 들어주신 거예요. 교황청에서 테레사가 수녀원에 들어와도 좋다는 허락이 떨어졌어요. 그때부터 테레사는 사랑하는 아빠를 떠나 가르멜 수녀원에 들어갔지요.

생각보다 수녀원 생활은 무척 어려웠어요. 밥도 규칙에 따라 조금 먹고, 기도와 말씀, 그리고 해야 할 일은 무척 많았어요. 그리고 수녀원에는 규칙이 있었는데 침묵시간에는 절대 말을 하지 않는 거였어요. 여러분, 우리가 말을 하지 않는다는 것이 쉬운가요? 아니에요. 아마 우리 친구들에게 하루만 말하지 말라고 하면 발을 동동 구르고 난리가 날 거예요.

하지만 테레사는 이 모든 일들을 적극적으로 순종했어요. 그리고 기쁨으로 실천했지요.

수녀원에는 테레사를 미워하는 수녀님이 계셨는데 그분은 테레사에게 힘든 일을 시키고 함께 있는 자리에서는 테레사의 욕도 했어요. "흥! 어린나이에 수녀원에 들어오다니 말야. 저렇게 할 일도 제대로 못하는데 말야!"

테레사는 마음이 아팠지만 그래도 얼굴로는 그 수녀님에게 늘 웃어주었어요. 왜냐하면 그 수녀님 안에도 예수님이 계셨기 때문이에요.

여러분, 우리 친구들은 누군가를 미워하면 어떻게 하죠? 누군가 나의 욕을 하면 우리는 어떻게 하지요? 그래요. 아마 대들고 다투고 싸울지도 몰라요. 또 다른 친구에게 그 친구욕을 할 지도 몰라요. 하지만 그것은 결코 하나님이 기뻐하시는 일이 아니에요.

테레사는 남이 하기 싫어하는 일을 일부러 더 찾아서 했어요. 빨래 개는 일, 바닥을 닦는 일, 설거지, 청소… 가리지 않고 열심히 했어요. 하지만 이것들을 보이지 않게 은밀하게 했어요. 왜냐하면 혹시 누가 보면 자랑하고 싶은 마음이 들까봐 걱정이 돼서 였어요.

하루는 추운 겨울날 차가운 물에 빨래를 하고 있는데, 반대편에 있는 수녀님이 자꾸만 지저분한 물을 테레사의 얼굴에 튕기는 것이었어요. '물이 튕긴다고 말해줄까? 나도 똑같이 저 수녀님에게 물을 튕길까?'

이런 저런 생각이 들었지만, 테레사는 아무 말도 하지 않고 끝까지 그 물세례를 받았어요. 왜냐하면 모르고 물을 튕기는 그 수녀님이 창피해 할까봐서 였어요. 여러분, 테레사의 마음이 너무 예쁘죠?

테레사는 너무 일을 열심히 하다보니 몹쓸 병에 걸렸어요. 점점 몸이 아파오더니 이제 침대에서 일어나지도 못하게 되었어요. 그래도 테레사는 얼굴을 찡그리거나 짜증을 내지 않았어요. 왜냐하면 자기가 얼굴을 찡그리거나 짜증을 내면 하나님께서 마음이 아프실 것 같았기 때문이에요. 테레사는 늘 하나님을 기쁘시게 해 드리고 싶었거든요. 그래서 힘든 표시, 아픈 표시를 전혀 내지 않았어요. 그래서 수녀원에 있는 다른 수녀님들도 테레사가 건강한 줄만 알았던 거예요.

그런데 점점 병이 심해져서 테레사는 피를 흘리기 시작했고, 나중에는 의사도 못 고칠 지경에 이르렀어요. 테레사는 죽기전에 이런 말을 했어요. "하나님, 저는 하나님을 사랑합니다!"

닫는말

여러분, 이 얼마나 아름다운 말인가요? 우리 친구들은 하나님, 예수님을 사랑한다고 당당하게 말씀드릴 수 있나요? 부끄러운 게 하나도 없나요? 테레사는 그랬어요.

하나님의 작은 꽃 테레사는 24살의 꽃다운 나이에 하나님의 품으로 돌아갔지요. 아마도 하나님께서 사랑하는 테레사를 천국에서 곁에 두고 싶으셨나봐요.

이후에 테레사는 '작은꽃' 이란 별명이 붙여져서 사람들에게 불려졌어요. 사랑하는 우리 친구들! 우리 친구들도 하나님을 사랑하는 사람이 되

어서 하나님께 큰 사랑받는 꽃들이 되시길 예수님의 이름으로 부탁드려
요. 아멘.

 시청각자료

시청각자료

18

우리의 짱, 다윗!

용기 | 사무엘상 17:41- 49

다윗이 블레셋 사람에게 이르되 너는 칼과 창과 단창으로 내게 오거니와 나는 만군의 여호와의 이름 곧 네가 모욕하는 이스라엘 군대의 하나님의 이름으로 네게 가노라(삼상17:45).

우리의 장, 다윗!

다윗이 블레셋 사람에게 이르되 너는 칼과 창과 단창으로 내게 오거니와 나는 만군의 여호와의 이름 곧 네가 모욕하는 이스라엘 군대의 하나님의 이름으로 네게 가노라 (삼상17:45).

♥ ♥ ♥

여는말

(여러가지 실물을 준비한다. 단, 같은 종류이되 서로 비교가 되는 것들을 준비한다)

여러분! 여기 두 개의 그릇이 있어요. 큰그릇과 작은 그릇. 이중에서 어느 것에 밥이 많이 들어갈까요? 당연히 큰 그릇이겠죠.

또 여기 큰 사전과 작은 책이 있어요. 어느 것이 더 무거울까요? 네. 큰 사전이 무겁죠.

그럼 여기 큰 칼과 과일 깎는 작은 칼이 있어요. 만약 전쟁터에 나간다면, 어느 칼을 가진 사람이 전쟁에서 승리할까요? 그래요. 당연히 큰 칼이 이기겠죠.

그런데 우리가 생각한 것을 뒤엎는 놀라운 일이 벌어졌답니다. 작은 것이 큰 것을 이기는 놀라운 일! 어떤 일인지 볼까요?

말씀 속으로

(다윗과 골리앗의 이야기를 마치 영화를 보듯 OHP로 보여주면 좋을 듯하다)

골리앗: 어라! 이건 또 뭐야? 아니 쥐새끼같이 조그만 녀석이 지금 나와 한번 붙어보겠다는 거냐?

해설: 어린이 여러분! 이게 무슨 장면일까요? 그래요. 다윗과 골리앗의 이야기랍니다.

어느 날, 이스라엘에 블레셋이라는 나라가 싸움을 걸어왔어요. 블레셋은 가장 힘센 거인 골리앗을 앞장세워서 이스라엘을 위협했어요. 키가 보통사람의 두배가 넘고 얼굴이 우락부락하게 생긴 골리앗을 본 이스라엘 군사들은 무서워서 벌벌 떨기만 했지요. 이때 바로 혜성같이 나타난 사람이 있었는데, 그가 바로 다윗이었어요.

다윗은 나이가 어린 목동이었지만 하나님을 믿는 신실한 소년이었어요. 골리앗이 이스라엘 백성을 위협하는 것을 보고 다윗은 용감하게 싸움터에 나간 것이었어요.

그런데 여러분, 다윗의 무기는 작은 조약돌 다섯 개와 막대기 하나였어요. 반대로 골리앗의 무기는 무시무시하게 생긴 큰칼과 방패였지요. 자, 이제 싸움이 어떻게 될지 한번 볼까요?

골리앗: 이 꼬마 녀석! 네가 나를 개로 여기고 막대기를 가지고 내게

157

나아왔느냐? 좋다! 내가 너를 단칼에 베어버리고 너를 새들과 들짐승들의 밥으로 주겠다.

다윗: 하하하~ 너는 나를 꼬마로 보지만, 나는 꼬마가 아니라 주의 종이다! 너는 칼과 창과 단창으로 내게 오지만 나는 만군의 여호와의 이름, 곧 네가 모욕하는 이스라엘 군대의 하나님의 이름으로 너와 싸우겠다.

골리앗: 아니, 쪼그만 녀석이 못하는 말이 없군. 어디 덤벼봐라! 너를 단칼에 베어서 저 까마귀들과 들짐승들의 밥으로 던져주겠다. 으하하하.

다윗: 좋다. 한번 싸워보자!

다윗과 골리앗은 드디어 싸움을 시작했어요. 그 커다란 골리앗이 다윗에게로 걸어오자, 다윗도 골리앗을 향하여 정면으로 달렸지요. 여러분, 어떻게 되었을까요?

그래요. 다윗은 주머니에 있던 돌을 꺼내서 물매로 던졌어요. "으악!" 아니 그런데 놀랍게도 다윗이 날린 조약돌이 골리앗의 이마에 정통으로 맞았지 뭐예요?

골리앗은 한방에 땅바닥에 쓰러졌어요. 골리앗이 정신을 잃은 사이 다윗은 골리앗에게로 달려가 골리앗이 가지고 있던 칼을 빼어 골리앗의 머리를 단칼에 베어버렸어요.

너무나 놀라운 일이었어요.

이 사실을 목격한 블레셋 사람들은 자기 용사의 죽음을 보고 "걸음아 날 살려라"하고 도망쳤죠. 이렇게 해서 블레셋과 이스라엘의 싸움은 다윗으로 인해 이스라엘의 승리로 끝났답니다. 이스라엘 백성들은 "다윗 만세! 다윗 만세!"를 외쳤지요.

닫는말

어린이 여러분, 다윗은 역시 이스라엘의 용사 중에서도 '짱'이었어요! 그러나 다윗이 이렇게 짱이 될 수 있었던 것은, 그가 가진 하나님을 향한 믿음과 용기 때문이었어요.

우리는 하나님을 믿으면서도 정말 비겁하게 살아갈 때가 많아요. 하나님을 믿는 자녀는 씩씩하고 당당해야 해요. 기도할 때도 씩씩하게, 찬송할 때도 힘차게, 전도할 때는 더욱 담대함을 가지고 하나님을 전해야 해요. 우리가 어느곳에 있든지 하나님의 이름을 나간다면 우리는 그 무엇도 두려워할 필요가 없어요. 혹시 학교에서 괴롭히는 친구가 있나요? 가정에 어려움이 있나요? 공부가 잘 안되나요? 걱정마세요. 그 모든 것들을 하나님께 맡기고 믿음으로 기도한다면 우리는 승리할 수 있어요. 우리의 짱! 다윗처럼 말예요.

이시간, 우리도 다윗처럼 씩씩하고 용감한 믿음의 자녀가 되게 해 달라고 무릎꿇고 기도하겠어요. 두 손을 들고 하나님을 세 번 부른 후, 기도하겠습니다.

시청각자료

 시청각자료

19

자기옷을 빨아요

행실 | 요한계시록 22:14

그 두루마기를 빠는 자들은 복이 있으니 이는 저희가 생명나무에 나아가며 문들을 통하여 성에 들어갈 권세를 얻으려 함이로다(계22:14).

자기옷을 빨아요

그 두루마기를 빠는 자들은 복이 있으니 이는 저희가 생명나무에 나아가며 문들을 통하여 성에 들어갈 권세를 얻으려 함이로다(계22:14).

♥ ♥ ♥

여는말

여러분, 이것들의 공통점은 무엇일까요? (실물들을 보여준다 -비누, 지우개, 퐁퐁, 샴푸, 화이트액)

그래요. 이것들은 모두 지저분한 것들이나 잘못 쓰여진 것들을 빨거나 지우는 것들이에요. 모두가 깨끗이 하는 특성들을 가지고 있지요.

옷이 더러워지면 비누로 빨면 되고, 공책이 지저분해졌으면 지우개로 지우면 되고, 머리에서 냄새가 나면 샴푸로 감으면 돼요. 또 우리가 밥을 먹고 난 뒤 지저분한 밥그릇과 국그릇은 무엇으로 깨끗이 닦나요? 퐁퐁이나 세제로 씻으면 기름때까지 깨끗이 지워지죠? 그래요.

그런데 어린이 여러분! 우리가 지금 보고 있는 이런 것들로 절대로 지울 수 없는 것이 있답니다. 아무리 비누로 박박 문질러도 지울 수가 없어요. 퐁퐁이나 샴푸로도 절대 지워지지 않는답니다. 그런 아주 특별한 것으로 지울 수 있는데 그럼 그게 무엇인지 우리 한번 알아볼까요?

말씀 속으로

오늘 말씀에 "그 두루마기를 빠는 자들은 복이 있으니"라고 적혀 있어요. '그 두루마기' 두루마기란 옛 어른들이 쓰던 말로 우리가 입는 외투를 말해요. 겉옷 말이죠. 우리 친구들도 지금 잠바나 두꺼운 외투를 입고 온 친구도 있죠? 그게 바로 옛날 말로 두루마기랍니다.

그러니까 윗 말씀을 다시 쉽게 말하면, "옷을 빠는 자들은 복이 있다"라는 거예요.

"어, 선생님, 우리집은 날마다 빨래하는데요. 저는 오늘도 빨래한 옷을 입고 왔어요. 그러니까 내가 복이 있다는 말인가요?" 이렇게 질문하는 친구가 있을지도 몰라요.

하지만 여기서 말하는 뜻은 그게 아니랍니다. 여기서 말하는 옷은 바로 자기의 행실을 이야기해요. 우리가 옷을 어디에 입나요? 그래요. 몸에 입죠. 그래서 우리가 몸으로 하는 행실을 '옷 '이라고 비유한 거예요.

자, 이제 알았죠? 그러니까 자기의 행실을 빠는 사람은 복이 있다. "아휴, 선생님! 그런데 또 꼬였어요. 행실을 어떻게 빤다는 거죠? 우리가 직접 세탁기에 들어가서 빤다는 건가요? 아휴 나도 모르겠어요."

자, 선생님이 다시 설명해 줄게요. '자기의 행실을 빤다' 는 것은 나의 행실을 정결케, 깨끗케 한다는 의미예요. 마치 지저분하고 때가 낀 옷을 빨면 희고 깨끗해지는 것처럼, 나의 행실을 고쳐서 깨끗이 바르게 한다는 뜻이에요. 잘못되고 악한 행실을 버리고 하나님이 기뻐하시는 선한 행실을 가진다는 뜻이지요.

그럼 무엇으로 행실을 깨끗케 할 수 있을까요? 그것은 바로 '예수님의 보혈'이랍니다. 요한계시록 7장 14절에 보면, "어린양의 피에 그 옷을 씻어 희게 하였느니라"라는 말씀이 있어요.

어린양이란, 우리를 대신해서 제물되어 십자가에 달려 돌아가신 예수님을 말해요. 그러므로 예수님의 피로 그 옷, 즉 나의 행실을 씻어 희게 할 수 있다는 것이지요. 희게 한다는 것은 깨끗케한다. 의롭게된다는 말이에요.

우리가 날마다 입으로 내뱉는 말이나 행동은 하나님께서 보실 때 악한 것들이 참 많아요.

"너! 나한테 죽어!, 가만히 안둘거야, 미워미워, 싫단말야!, 니가 뭔데 잘난척하니, 아휴~짜증나, 치, 피, 흥!" 이런 말들은 하나님이 정말 싫어하는 말들이에요. 또 친구를 욕한다거나 거짓말을 하는 것, 그리고 가게방에서 주인아저씨 몰래 물건을 훔친다거나, 친구를 때리는 것, 언니나 동생과 다투는 행동, 부모님께 울면서 땡깡부리는 것… 이런 나쁜 행동들은 정말 하나님이 미워하시는 것들이에요. 이런 것들로 인해 우리의 행실이 점점 더러워지고, 냄새가 나게 돼요.

그런데 이렇게 더러워진 행실을 계속 가지고 있으면 더러움을 가장 좋아하는 마씨 성을 가진 누가 찾아오는데 그게 누굴까요? 그래요. "으악! 마귀지요."

닫는말

    날마다 자기의 행실을 깨끗케 하는 사람은 복을 받는다고 했어요. 그것은 바로 생명나무에 문들을 통하여 성에 나아갈 권세를 갖게 되는 것인데, 그것은 바로 "천국"에 들어갈 수 있는 권세를 주신다는 거예요. 하나님과 많은 성도들, 또 아름다운 천사들과 함께 하나님을 찬양하는 그곳, 하나님이 주신 상을 받고 기쁨으로 사는 그곳, 우리 친구들! 그곳에 가고 싶지 않나요? 그렇다면 열심히 자기의 나쁜 행실을 고치고 예수님의 보혈로 자기의 행실을 깨끗이 씻어야겠죠? 기도하겠습니다.

시청각자료

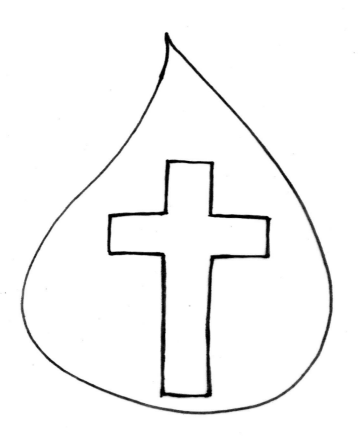

20

평화를 심어요

화평 │ 창세기 26:17- 25

그 밤에 여호와께서 그에게 나타나 가라사대 나는 네 아비 아브라함의 하나님이니
두려워 말라. 내 종 아브라함을 위하여 내가 너와 함께 있어 네게 복을 주어 네 자손
으로 번성케 하리라 하신지라(창26:24).

평화를 심어요

그 밤에 여호와께서 그에게 나타나 가라사대 나는 네 아비 아브라함의 하나님이니 두려워 말라. 내 종 아브라함을 위하여 내가 너와 함께 있어 네게 복을 주어 네 자손으로 번성케 하리라 하신지라(창26:24).

♥ ♥ ♥

여는말

('내 영혼의 그윽히 깊은데서' 찬469장 찬송을 Tape로 잠깐 들려준다. 그리고 시를 낭송하듯) 사랑하는 여러분, 평화! 평화는 어디서 오는 걸까요? "하늘위에서요!" 맞아요. 그런데 그 아름다운 평화는 어떤 사람에게 내리는 것일까요? 얼굴짱에게요? 몸짱? 부자요? 어떤 사람에게 그 평화가 내리는 걸까요? 오늘은 바로 그것을 찾아보는 거예요.

말씀 속으로

여러분, 믿음의 조상은 누구이지요? 그래요. 아브라함 할아버지죠. 오늘은 아브라함 할아버지의 아들인 이삭할아버지의 이야기예요.

하나님께서 이삭에게 복을 내려주시게 되자 갑자기 큰 부자가 되고,

소나 양떼들이 심히 많다보니 그 땅에 살고있던 사람들이 시기하게 되었어요. 그래서 아버지 아브라함 때에 종들이 팠던 우물을 사용하지 못하도록 그 땅에 살고있는 사람들이 메워버렸어요.

이삭은 다시 다른 곳에 가서 우물을 팠어요. 아니 그런데 그 사람들은 또다시 이삭이 파놓은 우물을 가로채는 것이었어요.

"너는 우리보다 훨씬 강하게 되었으니 우리를 떠나라."

이삭은 아무말없이 그곳을 떠나 그랄 골짜기에 장막을 치고 다시 자리를 잡았어요. 이삭은 아브라함이 팠던 우물을 발견하게 되어서 그것을 사용하려고 했어요. 그런데 이번에는 그랄의 목자들이 아브라함의 우물까지 자신들의 것이라고 우겨서 메워버렸어요. 이삭은 원망이나 불평하지 않고 다시 다른 곳에 우물을 파기 시작했어요.

어린이 여러분! 땅을 판다는 것이 얼마나 어려운 일인지 아세요? 지금은 기계로 파면 쉽게 팔 수 있지만, 그 당시에는 농기구와 연장이래봤자 별게 없었어요.

이삭의 종들은 열심히 골짜기를 파기 시작하여 드디어 물이 솟아나는 샘 줄기를 찾아냈어요. 물이 펑펑 솟아오르자 그들은 무척 기뻤어요.

어린이 여러분!

우리는 이삭의 태도를 통하여 평화를 심는 사람의 모습을 볼 수 있어요. 잘못도 없는 나를 시기하여 싸움을 걸어오는 사람들에게 이삭은 원망이나 화를 내지 않았어요.

"여기는 내 우물이다!"라며 박박 우기지도 않았어요. 그냥 순순히 우물을 내어주고 다시 다른 곳을 팠어요. 굉장히 힘들었을 거예요. 하지만 이삭은 다툼을 원치 않았어요. 왜냐하면 평화를 사랑했기 때문이에요.

우리 주위에 이러한 사람이 있다면 아마도 싸움이나 다툼, 신경질은 일어나지 않을 거예요. 이러한 사람은 많은 사람들이 좋아하고 따르지요. 하나님께 칭찬받을 뿐만 아니라, 사람들에게도 인기가 짱이에요!

우리 친구들도 그런 경우가 있을거예요. 학교에서나 집에서 잘못도 하지 않았는데 친구나 동생의 잘못을 뒤집어쓰게 되는 경우도 있고, 동네 형이나 언니들에게 미움을 받기도 하고, 친구들에게 시기질투를 받기도 해요. 하지만 그럴 때라도 함께 미워하거나 다투지 않고 조용히 인내한다면 그리고 그를 용서한다면 하나님은 그에 맞는 축복을 허락해주실 거예요. 그리고 우리의 영혼은 더욱 자라게 되지요.

누가복음 2장 14절에 "지극히 높은 곳에서는 하나님께 영광이요 땅에서는 기뻐하심을 입은 사람들 중에 평화로다."라고 쓰여 있어요. 그래요. 예수님께서는 이 땅에 평화를 심기 위해 오셨고, 죄악된 이 세상과 하나님의 굳게 닫힌 문을 열게 해 주셨어요. 그래서 우리가 평화의 나라, 천국에 들어갈 수 있게 된 거지요.

이야기 예화

어느 날 담임선생님이 자리를 비웠는데 이 틈에 아이들은 못된 장난을 하였어요. 장난꾸러기 아이들은 못된 장난을 해 놓고도 혼이 날까봐 두려워서 모두 선생님한테 가서, 도미니꼬가 이 못된 장난을 했다고 거짓말을 해버렸어요. 도미니꼬는 그런 못된 장난을 할 아이가 아니라는 것을 알고 있었지만, 교실에 들어가 보았을 때, 교실은 아주 엉망진창이었어요. 선생님은 우선 반 아이들을 모두 혼을 내어 꾸짖고나서 도미니꼬를 향해서 책망하기 시작했어요. "아니, 난 네가 그런 애인줄 몰랐는데,

도대체 이것이 무엇이냐? 그러나 처음이니까 용서해 준다. 당장에 내쫓을 일이지만 한번만 용서해 준다. 다시는 그러면 안돼!"

도미니꼬는 변명을 해서 충분히 그 누명을 벗을 수가 있었는데도 불구하고 고개를 푹 숙이고 묵묵히, 정말 자신이 그러한 행동을 한 것처럼 서 있었어요.

다음날, 선생님은 그 망나니 개구쟁이들의 거짓을 다 알게 되었어요. 선생님은 도미니꼬에게 미안해서 그를 부른후에 이렇게 말씀하셨어요. "왜 네가 안 그랬다고 말하지 않았니?"

그런데 도미니꼬의 대답은 참 놀라운 것이었어요.

"그 애는 그 전에도 몇 번 잘못한 적이 있어서 이번에 또 선생님께 알려지면 쫓겨나게 될 것 같았어요. 만일 제가 한 것처럼, 가만히 있으면 저는 처음이니까 용서받을 수 있어서 그냥 가만히 있었어요. 그리고 무엇보다도 예수님께서도 거짓으로 누명을 쓰시고 고생하시고 죽으신 것을 기억하고 있었기 때문이에요."

이 말은 들은 선생님과 아이들은 도미니꼬를 칭찬하고 감탄하지 않을 수 없었어요.

닫는말

다툼이 있는 곳에 평화를 심고, 악으로 악을 갚지 아니하고 용서하고 양보하는 너그러운 사람에게 하나님은 큰 축복을 해 주실 거예요. 우리 친구들도 이삭 할아버지처럼, 도미니꼬처럼 평화를 사랑하는 사람이 되어요.

시청각자료

21

하나님을 기쁘시게 하는 자

믿음 | 히브리서 11:6

믿음이 없이는 하나님을 기쁘시게 못하나니 하나님께 나아가는 자는 반드시 그가 계신 것과 또한 그가 자기를 찾는 자들에게 상주시는 이심을 믿어야 할지니라 (히 11:6).

하나님을 기쁘시게 하는 자

믿음이 없이는 하나님을 기쁘시게 못하나니 하나님께 나아가는 자는 반드시 그가 계신 것과 또한 그가 자기를 찾는 자들에게 상주시는 이심을 믿어야 할지니라. (히 11:6).

♥ ♥ ♥

여는말

어린이 여러분! 집에서 엄마 아빠를 기쁘시게 하려면 여러분들은 어떻게 하나요? 아마 공부를 열심히 하고 엄마 아빠 심부름을 열심히 하고, 동생을 잘 돌보아주려고 마음을 다하여 노력할 거예요.

마찬가지로 하나님의 자녀가 된 우리는 하나님아버지를 어떻게 하면 기쁘시게 해드릴수 있을까요? 돈뭉치? 열쇠뭉치? 자동차(장난감)? 이런 것들이 하나님을 기쁘시게 해 드릴까요? 아니예요.

하나님 말씀을 보니까 믿음이 있어야 하나님을 기쁘시게 한다고 했어요. 그러면 어떠한 믿음으로 하나님을 기쁘시게 해드릴 수 있을까요?

신약성경을 통하여서 어떤 믿음으로 하나님을 기쁘시게 해드렸는지 살펴보기로 해요.

말씀 속으로

첫 번째, 예수님께서 인정하신 백부장의 믿음이에요.

어느 날, 백부장의 사랑하는 종이 병들어 죽게 되었어요. 그래서 백부장은 예수님께 병든 종을 고쳐 달라고 하였어요. 예수님께서는 백부장 집으로 가셔서 직접 고쳐주려고 하였어요. 하지만 백부장은 놀랍게도 이렇게 말하는 것이었어요.

"오! 안됩니다. 예수님, 힘들게 저희 집까지 오시지 않으셔도 됩니다. 예수님이 말씀만 하셔도 제 하인이 나을겁니다. 제 아래 있는 군병도 제가 '가라' 하면 가고, '오라' 하면 오는데 어찌 예수님이 저희집에… 그냥 말씀만 하십시오."

이 말을 들은 예수님께서는 "이스라엘 중에서 이만한 믿음을 만나 보지 못하였노라. 너의 믿음은 참 크구나." 하고 크게 칭찬해 주셨어요.

여러분, 사람들은 꼭 눈으로 보아야 믿는 경향이 있어요. 백부장은 예수님께서 손을 얹어 기도해 주시지 않아도 말씀만 하시면 치료받을 수 있다는 분명한 믿음이 있었어요. 백부장의 이런 남다른 믿음이 있었기에 예수님께 인정과 칭찬을 받을 수 있었던 거예요. 물론 사랑하는 종도 고침을 받았구요.

두 번째, 예수님께서 칭찬하신 가나안 여인의 큰 믿음을 보아요.

어느 날, 가나안 여인이 귀신들린 자신의 딸을 고쳐달라고 예수님께 간청했어요. 예수님께서는 그의 믿음을 보시기 위해서 "자녀의 떡을 취하여 개들에게 던짐이 마땅치 않다"고 말씀하셨지요. 여인은 무척 슬펐어요. 하지만 물러서지 않고 이렇게 말했어요. "예수님, 하지만 개들도 주인의 상에서 떨어지는 부스러기를 먹습니다. 부디 저와 저의 딸을 불쌍히 여겨주세요. 도와주세요." 만약 우리가 이 여인이었다면 자존심이 상해서 집으로 돌아갔을지도 몰라요. 하지만 이 여인은 끈기있게 예수님께 매달렸어요. 그러자 어떤 일이 일어났을까요?

예수님께서는 이 여인의 믿음을 보시고 "여자여 네 믿음이 크도다 네 소원대로 되리라"라고 말씀하셨어요. 즉시로 딸은 병을 고침받았고 기쁨으로 돌아갔지요.

이야기 예화

화니 크로스비는 어릴 때 의사의 실수로 앞을 보지 못하게 되었어요. 하지만 그녀는 실망하거나 낙심하지 않았어요. 믿음이 있었기 때문이에요. 눈은 보이지 않았지만 누구보다도 하나님을 사랑했어요.

하나님은 그런 크로스비에게 은혜를 주셨어요. 아름다운 찬양을 많이 작곡하게 하셨지요. 그녀가 작곡한 찬송만 해도 8,000개가 넘는다고 해요. 찬송가 '인애하신 구세주여'도 그분이 작곡하셨지요. 크로스비는 결코 세상의 많은 것들을 보지 못한 것 때문에 슬퍼하지 않았어요. 오히려 나쁜 것을 보지 않고 '믿음의 눈'을 주신 것에 대해 하나님께 감사를 드렸어요.

닫는말

어린이 여러분! 백부장과 가나안 여인은 왜 예수님께 칭찬을 받았을까요? 바로 이분들의 믿음은 의심하지 않는 믿음이었기 때문이에요. 예수님은 어떠한 문제라도 다 해결하실 수 있다는 믿음이요. 의심하지 않고 믿고 기다릴 때 예수님은 기적을 보여주신답니다.

어린이 여러분들도 크로스비처럼 믿음의 눈으로 모든 것을 보세요. 믿음으로 행할 때 예수님이 기뻐하셔요.

 시청각자료

22

하나님의 심판대

공의 | 히브리서 9: 27

한 번 죽는 것은 사람에게 정하신 것이요 그 후에는 심판이 있으리니(히9:27).

하나님의 심판대

한 번 죽는 것은 사람에게 정하신 것이요 그 후에는 심판이 있으리니(히9:27).

♥ ♥ ♥

여는말

TV뉴스에 보면 가끔 이상한 사람들이 등장하지요. 바로 이런 사람들입니다. (갑자기 고개를 숙이며 웃옷을 머리위로 뒤집어쓴다)

어떤 사람들일까요? "나쁜 사람요. 범죄자요…" 맞아요. 그런데 왜 이러는 거죠? 부끄러워서요? 그래요. 자기가 저지른 죄가 다 드러나서 창피해서 얼굴을 가리는 거죠. 이 사람들은 모두 심판을 받는 거예요.

말씀 속으로

옛날 어른들 말씀에 '콩 심은데 콩나고 팥 심은데 팥난다' 는 말이 있지요. 이처럼 성경에도 각자가 행한 대로 주신다는 말씀이 있어요. 하나님이 기뻐하시는 일을 한 것에는 상을 주시고, 반대로 악한 행실을 한 것에는 무서운 벌을 주시는 것이지요.

오늘 성경에 보니까 사람이 한번 태어나면 반드시 정한 때에 죽는다고 말씀하고 있어요. 그리고 그 후에는 끝이 아니라 또다른 세상으로 가게 되는데, 그곳은 바로 영혼들이 사는 영혼의 세계예요.

그러면 영혼들이 사는 세계에서 맨 처음 우리가 가는 곳은 어디일까요? 그래요. 그곳은 바로 '하나님의 심판대'가 있는 곳이랍니다.

하나님의 심판대는 어떻게 생겼을까요? 성경을 한번 찾아볼까요? 요한계시록 20장 11절부터 12절을 다함께 찾아서 읽어보겠어요.

"또 내가 크고 흰 보좌와 그 위에 앉으신 자를 보니 땅과 하늘이 그 앞에서 피하여 간 데 없더라. 또 내가 보니 죽은 자들이 무론 대소하고 그 보좌 앞에 섰는데 책들이 펴있고 또 다른 책이 펴졌으니 곧 생명책이라. 죽은 자들이 자기 행위를 따라 책들에 기록된 대로 심판을 받으니."

어때요? 우리 친구들! 너무 무섭지 않나요? 희고 커다란 의자에 앉으신 분은 누구일까요? 네. 예수님이시겠죠. 그리고 그 앞에 죽은 사람들이 서 있고 그 사람들 앞에 책이 펴있는데 곧 생명책이래요. 그리고 죽은 사람들이 이 땅에 살았던 모습이 모두 그 책에 기록이 되어 있다는 말이에요. 선한 일은 선한 일대로, 악한 일은 악한 일대로….

여러분, 오늘 본문 말씀처럼, 우리가 이 땅에 "응애 응애"하고 태어난 때부터 자라서 어른이 되고 죽기까지 우리가 행한 모든 일들은 하나도 빠짐없이 다 기록되고 있어요.

친구를 괴롭히고 못 살게 굴었던 것, 욕을 하고 거짓말을 한 것, 도둑질, 고집부린 것, 잘난척 하고 으시댄 것, 짜증을 부리고 예배에 빠진 것, 동생과 싸우고 엄마에게 소리지른 것도 다 기록되어 있겠죠. 반면에 친구를 전도하고 기도 열심히 한 것, 예배에 빠지지 않고 선생님 말씀에 순종 한 것, 친구들이 먼저 하기 전에 방석을 정리하고 남을 도와준 것,

열심히 성가대 활동 한 것도 다 기록되어 있을 거예요.

그래요. 이밖에도 우리가 잘 한 것과 못한 것, 모두 기록되어 있어요. 그래서 우리가 나중에 하나님 심판대 앞에 섰을 때 칭찬을 받거나 상을 받을 거예요. 그리고 잘못한 것은 무서운 벌을 받겠지요. 만약 회개하지 않았다면 말예요.

그러나 지금부터라도 지난 일들을 생각하며 잘못한 것들을 회개한다면 그 죄들은 다 지워주신다고 약속하셨어요. 그러니까 우리 친구들도 그때가서 후회하지 말고 지금부터 열심히 회개하며 또 열심히 사랑실천 해야 할 것이에요.

닫는말

오래전 선생님은 어떤 사모님이 이 심판대에 다녀온 것을 간증하는 이야기를 들었는데, 잠깐 우리 친구들에게 들려주려고 해요. 그 사모님은 천사에게 이끌려 하나님의 심판대를 보고 왔는데, 아주아주 많은 사람들이 심판대에 줄을 서 있는데 모두가 벌벌 떨더래요. 왜 그런가 봤더니 하나님 앞에서는 그 어떤 죄도 숨길 수 없기 때문이에요.

심지어 앞사람과 뒷사람이 너무 심하게 떠니까 가운데 서 있는 사람도 저절로 몸이 흔들릴 정도라고 해요. 우리 친구들! 하나님은 사랑의 하나님이시지만, 예수님을 믿고 선을 행한 사람에게는 천국과 영원한 상을 주시고, 반면에 예수님을 믿지 않고 악을 행한 것에는 반드시 무서운 지옥 형벌과 고통을 주신다는 거예요.

그러니까 이 사실을 절대 잊지말고 지금도 믿지 않는 부모님, 가족, 친구들에게 복음을 전하고 나도 열심히 하나님을 믿고 따르는 어린이가 되어요. 기도합니다.

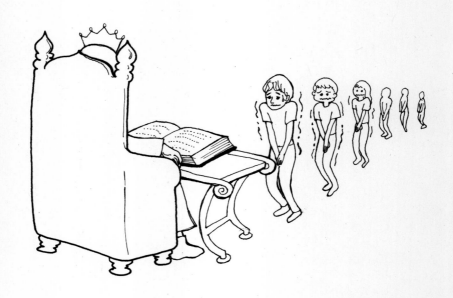

23

하나님의 음성을 들은 사무엘

순종 | 사무엘상 3:1- 10

여호와께서 임하여 서서 전과 같이 사무엘아 사무엘아 부르시는지라. 사무엘이 가로 되 말씀하옵소서 주의 종이 듣겠나이다(삼상3:10).

하나님의 음성을 들은 사무엘

여호와께서 임하여 서서 전과 같이 사무엘아 사무엘아 부르시는지라. 사무엘이 가로되 말씀하옵소서 주의 종이 듣겠나이다(삼상3:10).

♥ ♥ ♥

여는말

어린이 여러분, 어느 동네에 굉장히 유명한 삼총사가 있었어요. 달타냥과 삼총사에서 나오는 아토스, 프루토스, 아라미스 같은 삼총사, 아니면 삼국지에 나오는 유비, 관우, 장비냐구요. 아니요. 어떤 삼총사인가 하면 말이지요.

"뺑돌아~ 슈퍼에 가서 우유 좀 사올래"라고 심부름을 시키면 "안돼요. 저 친구랑 킥보드 타러 가기로 약속했단 말이예요."(빠르게 말함) '쌩~' 하면서 바람과 함께 빨리 사라지는 뺑돌이, "삐순아~ 동생 잘보고 있으렴. 엄마 시장 잠깐만 갖다올게." "싫어요. 싫단말이예요. 왜 저만 맨날 시켜요." 무슨 일을 시키면 입을 습관적으로 삐죽삐죽 내미는 삐순이.(입을 삐죽삐죽 내밀면서) "굼뱅아~ 게임 그만하고 숙제부터 해야지." "알았어요. 엄마 알았다구요. 조금만 기다리세유." "조금만 기다리라는 게 지금 몇시간째니." "글쎄 알았다니까유~." 대답도 느릿느릿, 행동도 꿈틀꿈틀, 아침 늦게까지 쿨쿨자는 굼벵이예요.

혹 여러분 중에 뺑돌이, 삐순이, 굼벵이와 같이 삼총사 클럽에 들어간 친구들은 없나요.

오늘 여러분들이 만날 사무엘은 어떤 어린이였을까요? 뺑돌이, 삐순이, 굼벵이처럼 무슨일을 시키면 쏜살같이 도망가고, 불평하고, 게으른 어린이였을까요?

말씀 속으로

1. 교회(성전)를 가까이 하는 어린이

우르르 쾅쾅~(리얼하게) 천둥번개가 치는 깜깜한 하늘처럼 사무엘이 살던 시대는 하나님이 보시기에 매우 깜깜하고 어두운 때였어요. 많은 사람들이 하나님이 기뻐 하시는데로 살지 않고 제멋대로 많은 죄를 지으면서 살았어요(여호와의 말씀이 희귀하여 이상히 흔히 보이지 않았더라 1절). 하나님의 음성을 들으려고도 하지 않았어요. 또한 하나님의 음성을 들려주어도 듣지 못했기 때문에 하나님은 침묵하고 계셨어요. 이러한 때에 사무엘은 하나님의 음성을 들었어요. 12살무렵부터 사무엘은 따뜻하고 편안한 방이 아닌 성전에서 잠을 잤어요. 하나님이 계신 교회가 너무너무 좋았기 때문이예요. 사무엘은 하나님의 궤가 모셔진 가까운 곳에서 잠을 잤어요. 그러던 어느 날 성전에서 자고 있을 때 "사무엘아 사무엘아~"라는 하나님의 음성이 들려왔어요. 교회를 가까이 할 때, 교회를 좋아할 때 하나님의 음성을 들을 수 있어요.

"철이야, 교회가자."라고 부르면 "싫어요. 저 만화 정말로 재미있단 말이예요.""아, 안돼요. 이 게임 한판만 끝내고요.""오늘 친구들이랑 현장학습 가기로 했어요.""엄마랑, 오늘 시장 가기로 했어요. 신발 사준다고 했단 말이예요.""저, 오늘 머리가 아파서 못 가겠어요. 다음에 갈께요.""오늘 못 갈 것 같아요. 친척 온다고 했거든요." 어떤 어린이들 중에는 이것저것 핑계를 대면서 교회에 빠질 때가 많이 있어요. '오늘 하루쯤 어때. 다음주에 가면 되지.' 라고 생각하면서 교회를 빠지는 친구도 있어요. "으르렁 으르렁"(무섭게) 마귀는 우는 사자와 같이 삼킬 자를 찾는다고 했어요. 마귀는 여러분들의 작은 틈을 결코 놓치지 않아요. "한번쯤은 괜찮겠지"라는 생각이 점점 커져서 교회를 아예 나오지 않게 만들어 버려요. 그리고는 지옥으로 끌고 가지요. 교회 오는 것을 싫어하고 교회에 자주 빠지는 어린이가 하나님의 음성을 들을 수 있을까요? (아이들 대답) 그렇지요. 여러분들이 사무엘처럼 하나님의 음성을 듣고 싶다면 교회를 가까이 하세요. 내 마음대로 교회 나오고 싶을 때는 나오고, 나오기 싫을 때는 교회에 빠진다면 하나님의 음성을 들을 수 없을거예요. 어린이 여러분! 뺑돌이처럼 주일날 "쌩~"하고 도망가면 "♪안돼 안돼! 열심히 교회 나오세요♪"

2. 봉사하는 어린이

성전(교회) 안에는 성전(성소)을 밝히기 위해 등불이 있었어요. 그 등불은 매일 저녁 규칙적으로 등불을 켜서 새벽에 끄도록 되어 있었어요. 우와~ 사무엘은 정말로 부지런한가봐요. 새벽에 매일 일찍 일어나 등불 끄는 일을 했잖아요. 만약 사무엘이 등불을 켜고 끄는 일을 게을리 했다면 성전 안은 어떻게 됐을까요? "아휴! 너무 어둡고 깜깜해요." 하지만 사무엘은 등불이 항상 꺼지지 않도록 성실히 맡겨진 일을 했어요. 때로는 귀찮고 짜증나고 힘이 들 때도 있었을텐데 매일매일 규칙적으로 사무엘은 열심히 봉사했어요. 삐순이처럼 입을 삐죽삐죽 내밀며 토라지지 않았어요. "왜 나만 이 일을 시키는 거야"라고 투덜거리지 않았어요. 이렇게 열심히 봉사하는 사무엘을 하나님은 부르셨어요. "꼬끼오 꼬꼬" 이른 새벽에 사무엘을 하나님은 부르셨어요(하나님의 등불은 아직 꺼지지 아니하였으며 3절)

여러분들은 어떤가요. 무슨 일을 시키면 "나만 미워하는 가봐. 나에게만 힘든 일 시키고…" 씩씩거리며 화를 내지는 않았나요. 이것저것 따지지 않고 기쁜 마음으로 봉사하는 어린이를 하나님은 기뻐하셔요. 그러한 어린이들이 사무엘처럼 하나님의 음성을 들을 수 있어요.

성전바닥에 떨어진 휴지를 줍는 것, 비뚤어진 의자를 바르게 하는 것, 신발을 가지런히 잘 정리해 놓는 것, 주보를 예쁘게 접는 것 등. 어린이 여러분들이 할 수 있는 일을 찾아보세요. 그리고 즐거운 마음으로 봉사해 보세요.

3. 순종하는 어린이

이른 새벽 "사무엘아 사무엘아~"라는 음성이 들려왔어요. "네. 여기 있습니다"라고 사무엘은 즉시 대답을 했어요. 그리고는 곧바로 엘리 제사장(목사)에게로 "쌩~"하고 날쌘돌이처럼 달려갔어요. 그러자 엘리 제사장은 말씀하셨어요. "사무엘아~ 나는 너를 부르지 않았다. 다시 가서 잠을 자렴." 잠자리에 누운 사무엘은 두 번째 "사무엘아 사무엘아~" 하는 음성을 들었어요. 그때도 마찬가지로 즉시 일어났어요. 그리고는 엘리 제사장에게로 달려갔지요. "저를 부르셨기에 제가 여기 왔어요." "아들아~ 내가 너를 부르지 않았으니 다시 누우렴"라는 말씀을 또 듣게 되었어요. 이게 왠 일일까요? 세 번째도 똑같은 음성이 들려지지 않았겠 어요. 그제서야 엘리 제사장은 하나님이 부르시는 음성이라는 것을 알 게 되었어요. 그래서 사무엘에게 음성이 들려지면 "말씀하세요. 주님의 종인 제가 듣겠어요."라고 대답하라고 가르쳐주셨어요. 와~ 정말 정말 멋쟁이 사무엘이지요. 우리 어린이들은 어때요. 잠잘 때 깨우면 혹 굼틀 굼틀 굼뱅이처럼 움직이지는 않나요. "왜 벌써 깨우는 거예요. 5분만 더 잘게요."라면서 이불을 끌어안고 짜증을 내지는 않나요. "아이, 왜 귀찮 게스리 자는데 깨우는거예요."라고 단잠을 깨웠다고 투덜거리지는 않나 요. 사무엘을 보세요. 음성이 들리자마자 즉시 대답하고 "쌩"하고 달려 갔잖아요. 사무엘은 순종하는 어린이였어요. 순종에 굼뱅이는 No! 날 쌘돌이 Yes! 그래요. 사무엘은 순종하는 일에는 날쌘돌이였어요. 무슨 일을 시켰을 때 "조금 있다 할게요."라고 미루지 않았어요. 내가 좋아하 는 일에만 순종하지 않았어요. 사무엘은 항상 순종하는 일에 준비가 되 어 있었어요. 사무엘은 순종하는 것을 좋아했어요. 그래서 하나님은 순 종을 잘 하는 사무엘을 만나주셨고 음성을 들려주셨어요.

닫는말

어린이 여러분! 사무엘처럼 교회를 가까이 하고, 봉사하며, 순종하는 어린이가 되세요. 그래서 하나님의 음성을 듣고 자라나는 어린이들이 모두 모두 되기를 바랍니다.

 시청각자료

시청각자료

24

하나님이 기뻐하시는 친구

우정 | 사무엘상 18:1

다윗이 사울에게 말하기를 마치매 요나단의 마음이 다윗의 마음과 연락되어 요나단이 그를 자기 생명같이 사랑하니라(삼상18:1).

하나님이 기뻐하시는 친구

다윗이 사울에게 말하기를 마치매 요나단의 마음이 다윗의 마음과 연락되어 요나단
이 그를 자기 생명같이 사랑하니라(삼상18:1).

♥ ♥ ♥

여는말

질문1. 어린이들이 좋아할 물건(인형, 필통, 장난감 등)과 쓰다 남은
물건이나 지저분한 물건(쓰다 남은 몽당연필 혹은 노트, 망가진 장난감
등)중 어느 것을 갖기를 원하냐고 질문을 한다.

질문2. 그러면 위의 두가지중 친구가 달라고 하면 어떤 것을 주겠느
냐 질문을 한다.

(아이들의 대답) 어린이 여러분, 그렇다면 하나님이 기뻐하시는 친구
는 어떤 친구일까요. 오늘 성경 속에서 한번 만나보기로 해요.

말씀 속으로

1. 자기 생명같이 사랑했어요

"흥! 너희 사울의 졸개들아, 이 블레셋 장수와 맞서 싸울 자를 골라 이

리로 내려보내라."(거만하게) 쿵쾅 쿵쾅- 고릴라 같은 골리앗을 보자 이스라엘 모든 군인은 그만 겁에 질려 도망을 쳤어요. 아무도 그와 맞서 싸우려고 하지 않았어요. 그때 형들에게 도시락을 전해주러 온 다윗이 그 모습을 보았어요. "아니, 저럴수가. 살아계신 하나님께서 거느리시는 이 군대에게 욕을 하다니 그냥 내버려둘 수 없어." 다윗은 사울왕의 허락을 받고 갑옷도 방패도 창도 들지 않고 나갔어요. 개울가에서 주운 자갈 다섯 개와 돌팔매 끈만을 가지고요. "으하하하- 겨우 쪼그만 꼬마야. 막대기는 왜 가지고 나왔느냐? 내가 개란 말이냐?" 골리앗은 다윗을 저주하며 우습게 여겼어요. "어서 나오너라 네 살점을 하늘의 새와 들짐승의 밥으로 만들어주마." 그러자 다윗은 "네가 칼을 차고 창과 표창을 잡고 나왔다만, 나는 만군의 여호와의 이름을 믿고 나왔다."라고 외쳤어요. 골리앗이 한걸음 한걸음 다가왔어요. 다윗은 재빨리 주머니에서 돌 하나를 꺼내어 "윙 윙-" 돌팔매를 돌렸어요. "슈-우웅" 골리앗의 이마에 돌이 박히자 '쿵!' 하고 땅바닥에 쓰러졌어요. 블레셋 군인들은 모두다 깜짝 놀라 "걸음아 날 살려라"하면서 도망쳤어요. "야호-" 이스라엘이 대승리를 거두었어요.

전쟁이 끝난 후 사울왕은 "젊은이는 누구의 아들인가?"하고 묻자 다윗이 "저는 베들레헴에 사는 임금의 종인 이새의 아들입니다." 라고 겸손히 대답했어요. 이 모습을 다 지켜본 요나단은 다윗이 너무너무 좋았어요. 요나단은 이스라엘의 왕자였기에 아주 부자였어요. 그러나 다윗은 가난한 목동이였어요. 하지만 요나단은 그런 것은 상관하지 않고 친하게 지냈어요. 요나단은 다윗에게 겉옷, 군복, 칼, 활, 띠를 주었어요. 다윗을 생명같이 사랑한 요나단은 다윗에게 무엇이든지 주고 싶었어요.

심지어 왕의 자리까지도 친구를 위해 포기했어요.

어린이 여러분, 요나단과 다윗은 누가 더 부자인가 또는 누가 공부를 더 잘 하느냐 누가 더 싸움을 잘 하느냐 누가 더 예쁘냐 누가 더 키가 크냐를 따지지 않았어요. 내가 좋을 때만 내 마음에 맞을 때만 친구에게 잘 해주는 게 아니라 어느 때나 친구랑 사이좋게 지내야겠지요. 또한 요나단처럼 친구를 정말로 사랑한다면 자기가 가장 아끼는 것을 줄줄 알아야 돼요. 쓰다 남은 것을 주거나, 내게 필요 없는 것을 주는 것 말고요. 내게 꼭 필요한 것이라도 친구에게 더 필요한 것이라면 아낌없이 줄 줄 알아야 돼요. "어, 나도 이건 하나밖에 없는데." 나에게 하나밖에 없는 소중한 물건을 친구에게 주기는 쉽지 않지요. 그렇지만 노력해 보세요. 하나님이 여러분에게 착한 마음을 주셔서 소중한 것도 줄 수 있는 용기를 주실꺼예요. "사랑은 참으로 버리는 것 더 가지지 않는 것- 이상하다 동전한 잎 쓰고 빌려주면 풍성해져" 그래요. 이 찬양처럼 내가 가진 것을 나누어 줘 보세요. 그럴 때 더 많은 것을 하나님은 우리에게 주셔요. 그리고 더 신나는 일은 하늘에 상급이 듬뿍듬뿍 쌓여요. 하나님이 기뻐하시는 친구는 요나단처럼 자기의 것을 아낌없이 주는 사람이예요. "선생님! 저도 요나단 같은 친구가 있었으면 좋겠어요."라고 말하는 어린이도 있네요. 먼저 요나단 같은 친구가 되어 보세요. 그럼 여러분에게도 멋진 친구가 생긴답니다.

2. 하나님을 의지토록 용기를 주었어요

골리앗을 무찌른 다윗은 왕궁에서 지내게 되었어요. 다윗은 전쟁에 나갈 때마다 하나님께서 주신 지혜로 승리를 하였어요. "와와-" 전쟁에 나간 무리들이 돌아오자 백성들이 환영을 하며 외쳤어요. "사울이 죽인 자는 천천이요 다윗은 만만이로다." 사울은 이 말을 듣자 매우 화가 났어요. "흥, 감히 왕인 나보다 다윗을 더 높여 어디 두고보자." 사울은 다윗이 너무너무 미워지기 시작했어요. 어느 날 사울 왕 앞에서 다윗이 수금을 타고 있었어요. 눈깜짝할 사이에 갑자기 창이 날아와서 벽에 꽂혔어요. 다윗은 창을 재빨리 피했어요. 또다시 창이 날아왔어요. 그때도 재빨리 피했어요. "휴우–" 하마터면 창에 찔려 죽을지도 모를 아슬아슬한 순간이었어요. 그 이후에도 사울은 점점 백성들에게 사랑을 받는 다윗이 싫었어요. 요나단은 자기 아버지가 다윗을 죽이려하니 도망을 가라고 말해 주었어요.

"아버님, 아버님의 신하 다윗을 억울하게 하지 마십시오. 다윗이 아버님께 최선을 다해서 잘 해드린 것밖에 무슨 잘못이 있습니까? 그는 목숨을 걸고 블레셋 장수를 죽였습니다. 그래서 하나님께서 온 이스라엘에게 큰 승리를 안겨주신 것을 보시고 아버님도 기뻐하시지 않으셨습니까? 그런데 어째서 다윗을 죽이려고 하십니까?" 요나단은 용기 있게 사울 왕 앞에서 다윗을 감싸주었어요. 다윗은 이곳저곳 사울 왕을 피해서 도망을 다녔어요. 다윗이 사울 왕의 눈을 피해 십 황무지 수풀에 숨어있을 때였어요. "도망자"가 된 다윗은 너무너무 지쳐 있었어요. 다윗이 숨어 있는 수풀 근처까지 사울 왕이 찾아왔어요. 다윗은 언제 잡혀 죽을지 모를 목숨이었기에 두려움에 떨고 있었어요. "쉿! 조용히 하세요. 숨소리도 내지 마세요." 살금살금 목숨을 걸고 요나단이 몰래 수풀에 들어갔어요. 그리고는 다윗에게 "다윗. 두려워하지 마. 하나님을 의지해. 하나님이 너를 도와 주실꺼야. 네 아버지가 너를 결코 죽이지 못 할

꺼야. 너는 이스라엘 왕이 되고 나는 네 다음이 될꺼야. 네 아버지도 그 사실을 알고 계셔."라고 용기를 주었어요.

그래요. 어린이 여러분, 다윗이 어려움에 처했을 때 요나단이 용기를 준 것처럼 여러분들도 친구가 어려움에 처했을 때 하나님을 의지하도록 용기를 주어야 해요. 그러한 친구를 하나님은 기뻐하셔요. "야, 오늘 PC방에 가자." "안돼, 오늘은 주일날이야. 교회가야돼. 너도 나랑 교회 가자. 교회 가면 너무너무 좋아." 예수님을 모르는 친구에게 예수님을 소개해줄수 있는 친구. "피, 그래 너 정말 잘났다. 어디 나랑 한번 싸워 볼래." "야, 그러지마. 그건 예수님이 기뻐하시지 않아. 너가 조금만 참아." 친구들의 싸움을 막아주는 친구. "어휴, 제 좀 봐. 저것도 못해. 바보같이. 정말 멍청하다니까." "야, 그러면 제가 마음 아프잖아. 예수님도 마음 아파하실꺼야. 우리가 같이 도와주자." "너 오늘 세수는 했니. 에게게- 옷좀 봐. 야, 냄새난다. 저리가." "야, 그러지마, 친구끼리 서로 놀리는 건 나쁜 일이야. 예수님이 슬퍼하셔." 친구를 왕따시킬 때 그것은 잘못된 행동이라고 용기 있게 말해줄 수 있는 친구. 하나님을 볼 수 있도록 이끌어 줄 수 있는 친구를 예수님은 기뻐하셔요.

닫는말

"친구를 위하여 목숨을 버리면 이 보다 더 큰 사랑이 없나니" 친구를 위해 목숨까지 버릴 수 있는 사랑. 너무 멋진 친구잖아요. 예수님도 우리 친구들을 너무 너무 사랑했기 때문에 십지가에서 대신 죽어 주셨어요. 온몸이 찢기는 고통을 참으셨어요. 예수님은 여러분들이 하나님을 의지토록 하나님을 바라 볼수 있도록 생명을 내어 주셨어요. 어린이 여러분들도 요나단처럼, 예수님처럼 다른 사람을 아껴주고 사랑해주세요. 서로 성격도 다르고 환경이 달라도 서로 무시하지 말고, 또 친구가 어려울 때 잘 도와주세요.

시청각자료

 시청각자료

25

항상 깨어 있어요

기도 | 베드로전서 5:8-9

근신하라 깨어라 너희 대적 마귀가 우는 사자같이 두루 다니며 삼킬 자를 찾나니 너희
는 믿음을 굳게 하여 저를 대적하라 이는 세상에 있는 너희 형제들도 동일한 고난을
당하는 줄을 앎이니라(벧전5:8-9).

항상 깨어 있어요

근신하라 깨어라 너희 대적 마귀가 우는 사자같이 두루 다니며 삼킬 자를 찾나니 너희는 믿음을 굳게 하여 저를 대적하라 이는 세상에 있는 너희 형제들도 동일한 고난을 당하는 줄을 앎이니라(벧전5:8-9).

♥ ♥ ♥

여는말

(손인형, 마귀1, 여자인형1)

야! 너희들 여기 뭣하러 왔어! 집에가면 재미있는 만화도 하고, 잠도 쿨쿨 잘 수 있는데…

애들아, 너희들 혹시 퀴즈 하나 맞춰볼래? (그래). 좋았어. 내 이름이 뭔지 아는 사람? 그래. 나는 마씨 마귀이다. 이번은 연습게임이었다. 본격적으로 문제를 내지. 그럼 내가 제일 좋아하는 사람은 누굴까? (아이들의 답변을 듣는다) 그래. 내가 가장 좋아하는 친구는 주일이면 교회가기 싫어서 게으름 피우고 이불 속에서 나오기 싫어하고, 또 재미있는 만화만 열심히 보고 성경책은 한 장도 읽지 않는 그런 친구야. 그리고 또 있지. 남을 괴롭히고 설교시간에 귀구멍을 막고 선생님의 말씀은 듣지도 않는 그런 친구. 그런 어린이는 내가 가장 좋아하는 어린이지. 기도할 때는 눈을 뜨고 선생님을 놀려주고, 간식시간에는 가장먼저 받고 친구의 간식도 뺏어 먹는 아이, 하하하~ 애들아, 혹시 너희들 그런 친구 있으면 나한테 좀 일러주라. 얼른 그 친구한테 달려가서 함께 놀게 말야. 아, 배고파~. 오늘은 여기에서 어떤 친구의 못된 마음에 찾아가서 맛있는 밥을 먹을까? 너희들한테만 살짝 알려주는데 마귀가 먹는 밥이 뭔지 아니? 그건 바로 아주 아주 맛있는 죄란다. 너희들도 먹고 싶지? (이때 선생님인형 등장)

"하나님, 마귀를 물리쳐 주시고, 오늘같이 복된 주일날, 이렇게 교회에 찾아온 우리 친구들에게 복을 내려주세요. 절대 마귀와 짝하지 않고 하나님과 짝하게 도와주세요. 예수님의 이름으로 기도합니다. 아멘."

"으악! 이게 무슨 소리야! 기도소리잖아. 내가 가장 싫어하는 기도소리야. 잉~, 아니 저 꼴보기 싫은 ○○교회 선생이 또 기도하고 있구만. 또 시작이야. 또시작… 저 선생의 기도소리는 정말 지긋지긋하단 말야. 아, 듣기 싫어. 그만해. 제발 그만해. 안되겠다. 잠깐 도망갔다가 다시 와야겠다. 에잇, 마귀살려라~ (마귀인형 급히 도망간다)

말씀 속으로

여러분, 사자가 어떻게 울지요? 다함께 사자 울음소리를 내어볼까요? (어홍~) 그래요. 동물의 왕이 바로 사자지요. 이처럼 사자는 동물중에서 가장 사납고 무서운 동물이에요. 그런데 오늘 성경에 보니까 사자와 같은 것이 있는데, 그것이 바로 마귀라고 말씀해주고 있어요.

마귀는 마치 무서운 사자처럼 입을 크게 벌리고 "오늘은 누굴 잡아먹을까?"하고 삼킬 사람을 찾아다닌다고 했어요. 그래요. 이처럼 마귀는 너무나 무서운 존재예요.

마귀는 하나님의 자녀가 있는 곳이면 어디든 찾아가서 하나님의 자녀를 괴롭히고 또 죄를 짓게 만들어요. 거짓말하고 하나님을 욕하게 해요. 그래서 결국 하나님을 떠나게 만들지요.

이게 바로 마귀가 우리를 찾아오는 이유랍니다.

그럼 여러분, 우리는 그 마귀의 꼬임에 넘어가지 않기 위해서 어떻게 해야 할까요? 그래요. 아까 그 선생님처럼 하나님께 기도해야 해요. 마귀가 좋아하는 죄를 짓지 않게 도와달라고요. 하나님이 기뻐하시는 말과 행동만을 할 수 있도록 도와달라고 말예요.

하나님께서는 우리에게 항상 깨어 있으라고 말씀하셨어요. 깨어 있는다는 것은, 바로 기도하며 하나님의 말씀을 실천하는 것을 말해요. 하나님이 기뻐하시는 말과 행동, 하나님이 기뻐하시는 사랑실천 말예요. 그런데 이러한 것들을 하기 위해서는 먼저 하나님께 기도해야 해요. 하나님이 도와주셔야지만 우리가 그런 일들을 할 수 있기 때문이지요.

자, 그래서 선생님이 우리 친구들을 위해서 기도카드를 만들었어요. 이제부터 저는 기도 열심히 하겠습니다 하는 친구들에게만 줄 거예요. 그런 친구는 한번 손 들어보세요. (기도카드를 나누어준다)

이 기도카드는 하루 중에서 기도한 시간에(아침, 점심, 저녁) 동그라미를 치는 거예요. 그리고 어떤 기도를 드렸는지 내용을 간단하게 적어보세요.

닫는말

아침에 잠자리에서 일어나서, 밥을 먹기전에, 학교에 도착해서, 또 공부를 하기 전이나, 시험을 보기전에, 그리고 잠자리에 들 때, 언제든지 하나님께 기도한다면 하나님께서는 무척 기뻐하실거예요.

그럼 다같이 무릎꿇고 "예수님, 저는 이제부터 열심히 기도할거예요. 예수님이 도와주시고, 하나님이 기뻐하시는 말과 행동으로 살아가는 제가 되게 해 주세요."하고 함께 기도하겠습니다.

 시청각자료

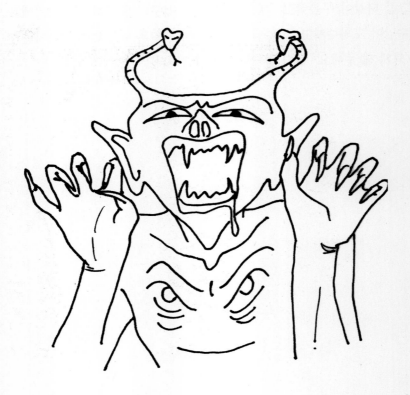

시청각자료